AF451712

ÉTUDE DU COMBAT

D'APRÈS L'ANTIQUE.

ÉTUDE DU COMBAT

D'APRÈS L'ANTIQUE

PAR

C. ARDANT DU PICQ.

Tiré à 100 exemplaires : ne se vend pas.

BESANÇON,
IMP. ET LITH. DE Vᵉ VALLUET ET FILS,
Rue de Glères, 23.

1868.

ÉTUDE DU COMBAT

D'APRÈS L'ANTIQUE.

Méditons Gédéon.

Ceci est une étude du combat et de l'homme dans le combat.

Le combat est le but final des armées et l'homme est l'instrument premier du combat ; il ne peut être rien de sagement ordonné dans une armée, — constitution, organisation, discipline, tactique, — toutes choses qui se tiennent comme les doigts d'une main, — sans la connaissance exacte de l'instrument premier, de l'homme, et de son état moral en cet instant définitif du combat.

Il arrive souvent que ceux qui traitent des choses de la guerre, prenant l'arme pour point de départ, supposent sans hésiter, que l'homme appelé à s'en servir en fera toujours l'usage prévu et commandé par leurs règles et préceptes. Mais le combattant envisagé comme être de raison, abdiquant sa nature mobile et variable pour se transformer en pion impassible et faire fonction d'unité abstraite dans les combinaisons du champ de bataille pour la plus grande commodité du tacticien de cabinet, ce n'est point l'homme de la réalité. Celui-ci est de chair et d'os, il est corps et âme; et, si forte souvent que soit l'âme, elle ne peut dompter le corps à ce point qu'il n'y ait révolte de la chair et trouble de l'esprit en face de la destruction.

Le cœur humain, pour employer le mot du maréchal deSaxe, est donc point de départ en toutes choses de la guerre; pour connaître de celles-ci il le faut étudier.

Essayons cette étude; non point d'abord dans le combat moderne dont les complications augmenteraient la difficulté de notre tâche, mais dans le combat antique, plus simple, plus clair surtout que le combat moderne, bien qu'il n'ait été nulle part nettement expliqué. Puisque les habiles n'ont pas livré leur secret, tâchons de le surprendre dans les exemples qu'ils nous ont laissés; pénétrons profondément avec eux dans la connaissance de la nature humaine que les siècles n'ont pas changée et dont il importe de suivre les mouvements soumis à des lois constantes, sous les mille aspects divers par lesquels se manifeste son instinct de conservation; faisons la part des éléments qui ne peuvent être supprimés, de l'émotion du combattant, de son trouble et de son angoisse devant une destruction dont les chances se multiplient avec le rapprochement des distances; rendons-nous compte en un mot de l'action que produit sur l'homme l'imminence du combat et le combat lui-même, action qui varie selon les caractères, les tempéramments nationaux, et qui, pour emprunter des exemples à notre temps, donne du sang-froid aux Angalis, de l'élan aux Français, et aux Russes cette inertie qu'on appelle leur ténacité.

Un examen attentif de quelques grands faits de guerre soumis à l'analyse et au raisonnement, nous fera comprendre à chaque pas d'avantage combien se tiennent intimement liées l'organisation, la discipline et la tactique d'une armée, en prenant la tactique dans le sens de manière de combattre ordonnée d'avance par des règlements.

Nous comprendrons comment l'organisation et la discipline, par les moyens de la moindre complication et de la plus grande contrainte morale, doivent porter à sa plus haute puissance la force de solidarité des combattants afin d'assurer l'exécution des mouvements et du mode d'action ordonnés par la tactique ; comment la tactique, avec d'autant plus de liberté dans ses combinaisons que ses moyens d'action lui sont donnés plus forts, prenant son point de départ dans le meilleur emploi des armes en usage et dans la juste connaissance du cœur humain, doit compter avec celui-ci afin de ne lui demander que ce qui est dans la mesure de sa force ; nous apprendrons à nous garder de cette erreur trop commune qui consiste à ordonner l'impraticable, illusion funeste de la paix et des champs de manœuvre, qui déconcerte chefs et soldats au jour de la bataille, et souvent réagit contre l'organisation et la discipline au point de les briser et d'amener la défaite.

Nous comprendrons encore comment, un jour de combat, tels chefs ayant d'instinct le tact de la situation du cœur humain chez les leurs, chez l'ennemi, savent prendre immédiatement la décision la meilleure à un moment donné : vrais chefs de guerre, que l'action seule révèle, qui ont le sens de l'à-propos, et auxquels seuls il est donné parfois d'enlever l'impossible.

Remontons même plus haut que le combat antique, au combat primitif. L'homme au fond n'a pas changé. En redescendant du sauvage jusqu'à nous, nous saisirons mieux le vif.

I.

L'homme ne va pas au combat pour la lutte mais pour la victoire. Il fait tout ce qui dépend de lui pour supprimer la première et assurer la seconde.

La guerre entre peuplades sauvages, entre Arabes, souvent encore de nos jours (1), est une guerre d'embûches par petits groupes d'hommes dont chacun, au moment de la surprise choisit, non son adversaire, mais sa victime et l'assassine. Car les armes sont pareilles de part et d'autre, et la seule manière de mettre la chance de son côté c'est de surprendre ; l'homme surpris a besoin d'un instant pour y voir clair et se mettre en défense ; pendant cet instant il est mort s'il ne fuit.

L'adversaire surpris ne se défend pas, il cherche à fuir ; et le combat face à face et corps à corps avec les armes primitives, hache ou couteau, si terrible entre ennemis nuds (c'est-à-dire sans armes défensives), est excessivement rare. Il ne peut avoir lieu qu'entre ennemis se surprenant mutuellement sans autre chance de salut pour aucun que la

---

(1) Général Daumas. (Mœurs et coutumes de l'Algérie). Surprise nocturne et extermination d'un campement.

victoire. Et encore..... en cas de surprise pareille, il est une autre chance de salut; celle du recul, de la fuite de part et d'autre; et cette chance est souvent saisie. Un exemple. — Et s'il ne sagit point de sauvages, mais de soldats de nos jours, le fait n'en est pas moins significatif; il a été observé par un homme de trempe guerrière s'il en fut, qui a raconté ce qu'il avait vu de ses propres yeux, spectateur forcé, maintenu à terre par une blessure.

Pendant la guerre de Crimée, un jour de grande action, au détour d'un des nombreux remuements de terre qui couvraient le sol, des soldats A et B débouchant inopinément face à face, à 10 pas, s'arrêtent saisis..... puis..... comme oubliant leurs fusils se jettent des pierres et reculent. Nul des deux groupes n'a un chef décidé pour l'enlever en avant, et nul des deux n'ose le premier tirer, pris de l'appréhension que l'autre ne porte en même temps son arme à l'épaule: on est trop près pour espérer échapper, du moins on se le figure; — car en réalité le tir mutuel de si près est presque toujours trop haut; — mais..... l'homme qui tirerait se voit déjà mort par la riposte; il jette des pierres, et pas bien fort, pour se distraire de son fusil, en distraire l'ennemi, occuper le temps en somme, jusqu'à ce que le recul lui donne quelques chances d'échapper au bout portant.

Cette agréable position n'a pas duré longtemps; une minute, peut-être; l'apparition d'une troupe B sur un des flancs a déterminé la fuite des A, et alors, le groupe opposé a fait feu.

Certes, la chose est bouffonne et prête à rire.

Voyons cependant : En pleine forêt, ayant l'espace pour

eux ; un lion et un tigre, au détour d'un sentier, se rencontrent face à face ; ils s'arrêtent net, rejetés en arrière sur leurs jarrets fléchis, prêts au bond ; des yeux ils se mesurent, le grondement dans la gorge ; et les ongles crispés, le poil droit, la queue battant le sol ; cou tendu, oreilles applaties, lèvres retroussées, ils se montrent leurs crocs formidables par cette grimace terrible de menace et de..... peur caractéristique des félins.

Spectateur invisible, je frissonne.

Pour le lion comme pour le tigre, la position n'est pas gaie ; un mouvement en avant et il y a mort de bête ; de laquelle ? des deux peut-être.

Doucement, tout doucement, un de ces jarrets fléchis pour le bond, s'infléchissant encore, reporte le pied quelques lignes en arrière ; doucement, tout doucement une patte de devant suit le mouvement ; après un arrêt, doucement, tout doucement les autres jambes font de même, et les deux bêtes, insensiblement, petit à petit, et toujours de face, s'éloignent, s'éloignent, jusqu'au moment ou leur mutuel recul ayant mis entre elles un intervalle qlus grand que le bond, lion et tigre se tournent lentement le dos et sans cesser de s'observer s'en vont plus franchement, reprenant sans hâte leur allure naturelle, avec cette dignité souveraine qui convient à d'aussi grands seigneurs. J'ai cessé de frissonner, mais je ne ris pas.

Il n'y a pas non plus à rire de l'homme, car celui-ci a entre les mains une arme plus terrible que dents et ongles de lion ou de tigre, le fusil, qui instantanément, sans défense possible, vous envoie de vie à trépas. On comprend dès lors que nul, de si près, n'a de hâte, en armant le sien, d'armer celui qui doit l'abattre, n'est pressé de mettre le feu à la mèche qui doit faire sauter l'ennemi et lui-même avec.

Qui n'a observé semblables exemples entre chiens, entre chiens et chats, chats et chats?

Dans la guerre de Pologne de 1831, deux régiments russes, deux régiments polonais de cavalerie, se chargent mutuellement. D'un même élan ils allaient à l'encontre les les uns des autres, lors qu'à la distance où l'on peut se reconnaître au visage, les cavaleries ralantissent, et toutes deux se tournent le dos. Les Russes et les Polonais, à ce moment terrible, s'étaient reconnus comme frères, et plutôt que de verser un sang fraternel, s'étaient sauvés du combat comme d'un crime. C'est là la version d'un témoin oculaire et narrateur, officier polonais.....

Que de troupes de cavalerie se reconnaissent ainsi pour frères ?

Mais reprenons :

Quand les sociétés deviennent plus nombreuses, et que la surprise au même instant de toute une population occupant un vaste espace n'est plus possible ; quand une sorte de conscience publique s'est élevée avec les sociétés, on se prévient d'avance, on se déclare la guerre. La surprise n'est plus la guerre même, mais elle en reste toujours un des moyens, le meilleur, encore aujourd'hui.

L'homme ne peut donc plus égorger son ennemi sans défense puisqu'il l'a prévenu ; il doit s'attendre à le trouver debout et en nombre. Il faut combattre, c'est-à-dire vaincre en risquant le moins possible ; et l'on marche avec le pieu ferré contre le bâton, avec les flèches contre le bâton ferré, avec le bouclier contre les flèches, avec le bouclier et la cuirasse contre le bouclier seul, avec de longues lances contre la courte lance , des épées trempées contre les épées de fer, des chars armés contre l'homme à pied, et ainsi de suite.

L'homme s'ingénie à pouvoir tuer sans courir le danger de l'être. Sa bravoure est le sentiment de sa force et elle n'est point absolue ; devant plus fort, sans vergogne il fuit. Le sentiment naturel de la conservation est si puissant qu'il n'éprouve nulle honte à lui obéir. Cependant grâce aux armes défensives, il y a combat de près ; comment décider autrement, il faut bien se tâter pour reconnaître le le plus fort, et celui-ci reconnu, nul ne tient devant lui.

La force et la valeur individuelles ont le rôle dominant dans ces combats primitifs , et à ce point, que le vaillant abattu, la nation est vaincue ; que souvent, d'un accord mutuel et tacite, les combattants s'arrètent pour voir dans le recueillement et l'angoisse cette belle chose , deux vaillants aux prises ; que souvent encore, le niveau moral de l'homme s'étant élevé jusqu'au dévouement, les peuples remettent leur sort entre les mains des vaillants qui acceptent et qui seuls combattent. Intérêt bien entendu , puisque nul ne peut tenir contre le vaillant.

Mais l'intelligence se rebelle contre la force ; nul ne peut tenir contre un Achille, mais nul Achille ne tiendra contre dix ennemis qui , réunissant leurs efforts , agiront de concert. De là naissent, la tactique, qui d'avancè ordonne des moyens d'organisation et d'action propres à donner du concert aux efforts, et la discipline qui cherche à assurer le concert contre les défaillances des combattants.

Jusqu'à présent nous avons vu l'homme combattre l'homme, un peu chacun pour son compte, à la façon des bêtes fauves, cherchant qui tuer, fuyant qui le tuerait. Maintenant la discipline, la tactique nettement formulées, commandent la solidarité du chef et du soldat, la solidarité des soldats entre eux. Outre le progrès intellectuel il y a là un progrès moral. Commander la solidarité dans le combat, prendre des dispositions tactiques pour la rendre pratiquement possible, c'est faire compte avec le dévouement de tous, c'est élever tous les combattants au niveau des vaillants des combats primitifs. Le point d'honneur paraît, la fuite est une honte, car on n'est plus seul dans le combat contre le fort, on est légion, et qui lâche pied abandonne et ses chefs et ses compagnons. A tous égards le combattant vaut mieux.

Ainsi le raisonnement a fait comprendre la force des efforts savamment concertés, la discipline les a rendus possibles.

Nous allons assister à des combats terribles, à des combats d'extermination mutuelle ? Non. — L'homme collectif dans la troupe disciplinée soumise à un ordre de combat par la tactique devient invincible contre une troupe indisciplinée ; mais contre une troupe disciplinée comme lui, il redevient l'homme primitif qui fuit devant une force de destruction plus grande quand il l'a éprouvée ou quand il la préjuge. Rien n'est changé dans le cœur de l'homme. La discipline tient un peu plus longtemps les ennemis face à face, mais l'instinct de conservation maintient son empire, et le sentiment de la peur avec lui.

La peur !...

Il est des chefs, il est des soldats qui l'ignorent ; ce sont gens d'une trempe rare. La masse frémit ; — car on ne peut supprimer la chair ; — et ce frémissement sous peine de mécompte doit entrer comme donnée essentielle en toute organisation, discipline, dispositifs, mouvements, manœuvres, mode d'action, toutes choses qui ont précisément pour but définitif de le mâter, de le tromper, de le faire dévier chez soi, et de l'exagérer chez l'ennemi,

Si on étudie le rôle de ce frémissement dans les combats antiques, on voit que, parmi les peuples les plus habiles dans la guerre, les plus forts ont été ceux qui, non-seulement en ont le mieux compris la conduite générale, mais qui ont tenu le plus grand compte de la faiblesse humaine et pris contre elle les meilleures garanties. On remarque que les peuples les plus guerriers ne sont point toujours ceux chez lesquels les institutions militaires et la manière de combattre sont les meilleures, les plus sainement raisonnées.

Et en effet, chez les peuples guerriers il y a bonne dose de vanité. Ils ne comptent qu'avec le courage dans leur tactique ; on dirait qu'ils n'en veulent pas prévoir les défaillances.

Le Gaulois, fou de guerre, a une tactique barbare, et qui après la première surprise, le fait toujours battre, par les Grecs, par les Romains.

Le Grec, guerrier, mais aussi politique, a une tactique bien supérieure à celle des Gaulois et des Asiatiques.

Le Romain, politique avant tout, chez lequel la guerre n'est absolument qu'un moyen, veut le moyen parfait, ne se fait nulle illusion, compte avec la faiblesse humaine et trouve la légion.

Mais ceci est a affirmer ; il faut démontrer.

II.

La tactique des Grecs a son résumé dans la phalange, la tactique romaine dans la légion, la tactique des barbares dans la phalange en carré, coin ou losange.

Le mécanisme de ces différentes dispositions de combat est expliqué dans tous les livres élémentaires ; leur discussion comme valeur mécanique est faite par Polybe, lorsqu'il met face à face la phalange et la légion. (Livre 18).

Les Grecs étaient en civilisation intellectuelle supérieurs aux Romains ; leur tactique devait être il semble plus fortement raisonnée. Il n'en est rien. — La tactique grecque procède surtout du raisonnement mathématique, la tactique romaine d'une connaissance profonde du cœur de l'homme ; ce n'est point que les Grecs n'aient tenu grand compte du moral et les Romains de la mécanique (1) ; mais les préoccupations premières étaient diverses.

Par quelle disposition obtenir d'une armée grecque l'effort le plus puissant ?

Par quels moyens faire combattre effectivement tous les soldats d'une armée romaine ?

La première question se discute encore. La seconde a reçu une solution qui a dû satisfaire ceux qui se l'étaient posée,

---

(1) Chez ceux-ci même la mécanique et le moral sont si intimement liés, que l'une toujours, et qui est admirable, vient au secours de l'autre et jamais ne lui nuit.

Le Romain n'est point essentiellement brave : il n'offre aucun type guerrier à la hauteur d'Alexandre, et l'impétuosité valeureuse des barbares, Gaulois, Cimbres, Teutons, — chose banale à dire, — l'a fait trembler longtemps. Mais à la bravoure glorieuse des Grecs, à la bravoure de tempéramment des Gaulois, il oppose celle du devoir bien autrement solide, commandée aux chefs par un sentiment des plus forts de patriotisme, à la masse par une discipline terrible.

La dissipline des Grecs s'appuie sur des peines et des récompenses d'opinion, la discipline des Romains aussi, et en outre sur la mort. Ils font mourir sous le bâton ; ils déciment.

Un général romain se demande comment vaincre ces ennemis qui épouvantent ses gens ? — En exaltant le moral non par l'enthousiasme, mais par la rage. Il rend à ses soldats la vie misérable par excès de travaux ou de privations. Il tend le ressort de la discipline à ce point qu'il faut à certain instant qu'il se brise ou se détende sur l'ennemi.

Un général grec fait chanter Tyrtée (1).

Il eut été curieux de les voir face à face.

Mais la discipline ne suffit pas pour faire une tactique supérieure. L'homme dans le combat, nous le répétons, est un être chez lequel l'instinct de la conservation domine à certain moment tous les sentiments. La discipline a pour but, de dominer, elle, cet instinct par une terreur plus grande ; mais elle ne peut y arriver d'une manière absolue ;

---

(1) Les Romains ne méprisaient point Tyrtée. Ils ne méprisaient aucune force. Mais ils connaissaient la valeur de chacune.

elle n'y arrive que jusqu'à un certain point qui ne peut-être dépassé ; certes, je ne nie pas les exemples éclatants où la discipline et le dévouement ont élevé l'homme au-dessus de lui-même ; mais si ces exemples sont éclatants, c'est qu'ils sont rares ; s'ils sont admirés, c'est qu'on les considère comme des exceptions, et l'exception confirme la règle.

C'est la détermination de cet instant où l'homme perd le raisonnement pour devenir instinctif qui fait la science du combat, qui dans son application générale fait la force de la tactique romaine, et dans son application particulière à tel moment, à telles troupes, fait la supériorité d'Annibal, celle de César.

Au point où nous en sommes arrivés, le combat a lieu de masses à masses plus ou moins profondes, commandées et surveillées par des chefs ayant un rôle nettement formulé. C'est dans chaque masse une série de luttes individuelles, juxtaposées, où l'homme du premier rang seul combat, puis est remplacé, s'il tombe. s'il est blessé ou épuisé, par l'homme du deuxième rang qui veille en attendant sur ses flancs. et ainsi de suite jusqu'au dernier rang ; car l'homme physiquement et moralement se fatiguait vite dans une escrime corps à corps où il employait toute son énergie.

Ces combats duraient généralement peu de temps. A moral égal, les plus tenaces à la fatigue devaient toujours l'emporter.

Pendant ce combat du premier rang, — des deux premiers rangs peut-on dire, l'un combattant, l'autre veillant de si près, — les hommes des rangs postérieurs attendent à deux pas, dans l'inaction, leur tour de combat, lequel ne doit venir que si leurs devanciers sont tués, blessés ou exténués ; ils sont ballotés par les fluctuations plus ou moins violentes de la lutte des premiers rangs ; ils entendent les chocs des coups portés et distinguent peut-être ceux qui mordent dans la chair ; ils voient les blessés, les exténués se traîner par leurs intervalles pour aller prendre la queue ; spectateurs passifs et forcés du danger, ils en calculent les approches, ils en mesurent de l'œil les chances à chaque instant plus redoutables ; tous ces hommes en un mot subissent immédiatement l'émotion du combat sous une forme poignante, et n'étant point soutenus par l'animation de la lutte, se trouvent ainsi placés sous la pression morale d'une anxiété des plus grandes ; ils ne peuvent y tenir souvent jusqu'à leur tour et lâchent pied.

La meilleure tactique, la meilleure disposition étaient celles qui rendaient le plus facile la succession d'efforts, en assurant le mieux le relai des rangs dans les unités d'action, et en rendant possible le relai, le soutien mutuel des unités d'action ; n'engageant immédiatement que le nombre nécessaire au combat, et conservant le reste comme soutien et réserve en dehors de la pression morale immédiate. Toute la supériorité tactique des Romains était là, et aussi dans la discipline terrible qui préparait et commandait l'exécution. Plus qu'aucuns ils duraient au combat, et par la tenacité à la fatigue que leur donnaient de rudes et continuels travaux, et par le renouvellement des combattants (1).

Faute de raisonnement, les Gaulois ne voyaient que le

---

(1) Leur sens pratique savait aussi immédiatement reconnaître et s'approprier les armes meilleures que les leurs.

rang inflexible et on les a vus *s'attacher entre eux*, rendant ainsi le relai impraticable. Ils croyaient, et les Grecs aussi, à la puissance de masse et d'impulsion des rangs profonds, et ils ne voulaient pas comprendre que les rangs accumulés sont impuissants à pousser les premiers quand ceux-ci regimbent, se cabrent devant la mort. Etrange erreur ! Croire que les derniers rangs vont aller au devant de ce qui fait reculer les premiers, tandis que la contagion du recul est au contraire si forte qne l'arrêt de la tête est le recul de la queue !

Certainement les Grecs voyaient aussi des réserves et des soutiens dans la deuxième moitié de leurs rangs accumulés ; seulement, l'idée de masse dominant, ils plaçaient trop près ces réserves et ces soutiens, oubliant l'homme.

Les Romains croyaient à la puissance de masse, mais au point de vue moral. Ils ne multipliaient pas les rangs pour ajouter à la masse, mais pour donner aux combattants la confiance d'être soutenus, relayés ; et le nombre en était calculé sur la durée de pression morale que pouvaient soutenir les derniers.

Au-delà du temps pendant lequel l'homme peut supporter, sans être engagé, l'angoisse du combat des rangs qui précèdent, ils cessaient d'accumuler les rangs. Cette remarmarque et ce calcul, les Grecs, qui portaient parfois les rangs jusqu'à trente-deux, ne les avaient point faits ; et leurs derniers rangs, qui dans leur esprit, sans doute étaient leurs réserves, se trouvaient, en outre, forcément entraînés dans le désordre matériel des premiers.

Dans l'ordre par manipules de la légion romaine, les meilleurs soldats, ceux dont l'habitude des combats avait trempé le courage, attendaient solidement maintenus en deuxième et troisième lignes ; assez loin pour ne pas souffrir des traits, pour y *voir clair*, et n'être pas entraînés par la ligne antérieure se retirant dans leurs intervalles ; assez près pour la soutenir à temps ou achever son ouvrage en se portant en avant.

Lorsque les trois manipules séparés et successifs de la cohorte primitive sont réunis pour former la cohorte unité de combat de Marius et de César, la même intelligence place : aux derniers rangs les soldats les plus solides, c'est-à-dire les plus anciens ; les plus jeunes, les plus impétueux aux premiers rangs ; et nul n'est dans la légion pour faire simplement nombre ou masse ; chacun à son tour d'action, — chaque homme dans son manipule, — chaque manipule dans sa cohorte, — et lorsque l'unité devient la cohorte, chaque cohorte dans l'ordre de bataille.

Nous voyons quelle est l'idée qui commande chez les Romains l'épaisseur des rangs, l'ordonnance et le nombre des lignes successives de combattants. Le génie, le tact du général modifiait ces dispositions principales. Si les soldats étaient aguerris, bien exercés, solides, tenaces, alertes à relayer leurs chefs de file, pleins de confiance dans leur général et leurs compagnons, le général diminuait l'épaisseur des rangs, supprimait des lignes même, pour augmenter le nombre des combattants immédiats en augmentant le front. Ses hommes ayant une tenacité morale, et quelquefois aussi physique, supérieure à celle de l'ennemi, le général savait que les derniers rangs de celui-ci ne tiendraient pas sous l'angoisse assez longtemps pour relayer les premiers rangs, ou pour épuiser le relai des siens ; et Annibal qui avait une partie de son infanterie, les Africains, armée et dressée à la romaine, dont les fantassins espagnols avaient la longue haleine des Espagnols d'aujourd'hui, dont les soldats gaulois, triés par les fatigues, étaient de même aptes aux longs efforts, Annibal, fort de la confiance absolue qu'il inspirait à son monde, se formait sur une seule ligne de moitié moins profonde que l'armée romaine, enveloppait à Cannes cette armée qui avait deux fois son nombre, et l'exterminait. César à Pharsale, par des raisons semblables, n'hésitait pas à diminuer sa profondeur, faisait face à l'armée double de Pompée, armée romaine comme la sienne, et l'écrasait.

Puisque nous avons nommé Cannes et Pharsale, nous allons, en les étudiant, nous renseigner sur le mécanisme et le moral du combat antique, deux choses qui ne se peuvent séparer. Nous ne pouvons tomber sur des exemples meilleurs, sur des batailles plus nettement et plus impartialement exposées : l'une, par le grand bon sens de Polybe qui s'est renseigné près des derniers échappés de Cannes, près même de quelqu'un des vainqueurs ; l'autre, par l'impassible clarté de César en matière de faits de guerre.

III.

Récit de Polybe :

« Varron place la cavalerie à l'aile droite, et l'appuie au fleuve même ; l'infanterie se déploie près d'elle sur la même ligne, les manipules plus rapprochés l'un de l'autre, ou les

ou les intervalles plus serrés qu'à l'ordinaire, et les manipules présentant plus de hauteur que de front.

» La cavalerie des alliés, à l'aile gauche, fermait la ligne,
en avant de laquelle étaient postés les soldats légers. Il y
avait dans cette armée, en comptant les alliés, quatre-vingt
mille hommes de pied et un peu plus de six mille chevaux.

» Annibal, en même temps, fit passer l'Aufide aux frondeurs et aux troupes légères et les posta devant l'armée. Le
reste ayant passé la rivière par deux endroits, sur le bord,
à l'aile gauche, il mit la cavalerie espagnole et gauloise pour
l'opposer à la cavalerie romaine ; et ensuite, sur la même
ligne, une moitié de l'infanterie africaine pesamment armée,
l'infanterie espagnole et gauloise, l'autre moitié de l'infanterie africaine, et enfin la cavalerie numide qui formait
l'aile droite.

» Après qu'il eut ainsi rangé toutes ses troupes sur une
seule ligne, il marcha au-devant des ennemis avec l'infanterie
espagnole et gauloise, qui se détacha du centre du corps de
bataille ; et comme elle était jointe en ligne droite avec le reste,
en se séparant, elle forma comme le convexe d'un croissant,
ce qui ôta au centre beaucoup de sa hauteur ; le dessein du
général étant de commencer le combat par les Espagnols et
les Gaulois, et de les faire soutenir par les Africains.

» Cette dernière infanterie était armée à la romaine,
ayant été revêtue par Annibal des armes qu'on avait prises
aux Romains dans les combats précédents. Les Espagnols et
les Gaulois avaient le bouclier ; mais leurs épées étaient
fort différentes. Celle des premiers n'était pas moins propre à frapper d'estoc que de taille ; au lieu que celle des
Gaulois ne frappe que de taille, et à *certaine distance*. Ces

troupes étaient rangées : les Espagnols en deux troupes près
des Africains, vers les ailes, les Gaulois au centre ; les Gaulois nus, les Espagnols couverts de chemises de lin couleur
de pourpre, ce qui fut pour les Romains un spectacle ex-
traordinaire qui les épouvanta. L'armée des Carthaginois
était de dix mille chevaux et d'un peu plus de quarante
mille hommes de pied.

» Emilius commandait à la droite des Romains, Varon à
la gauche ; les deux consuls de l'année précédente, Servilius
et Attilius étaient au centre. Du côté des Carthaginois,
Asdrubal avait sous ses ordres la gauche, Hannon la droite,
et Annibal ayant avec lui Magon, son frère, s'était réservé
le commandement du centre. Ces deux armées n'eurent
rien à souffrir du soleil lorsqu'il fut levé, l'une étant tournée au midi, comme je l'ai remarqué, et l'autre au sep-
tentrion.

» L'action commença par les troupes légères, qui de part
et d'autre étaient devant le front des deux armées. Ce premier choc ne donna aucun avantage à l'un ni à l'autre parti.
Mais dès que la cavalerie espagnole et gauloise de la gauche
se fut approchée, le combat s'échauffant, les Romains se
battirent avec furie et plutôt en barbares qu'en Romains ;
car ce ne fut point, tantôt en reculant, tantôt en revenant à
la charge, selon les lois de leur tactique ; à peine en furent-
ils venus aux mains qu'ils sautèrent de cheval, et saisirent
chacun son adversaire. Cependant les Carthaginois eurent
le dessus. La plupart des Romains demeurèrent sur la place
après s'être défendus avec la dernière valeur ; le reste fut
poursuivi le long du fleuve et taillé en pièces sans pouvoir
obtenir de quartier.

» L'infanterie pesamment armée prit ensuite la place des troupes légères et en vint aux mains. Les Espagnols et les Gaulois tinrent ferme d'abord et soutinrent le choc avec vigueur ; mais ils cédèrent bientôt à la pesanteur des légions, et, ouvrant le croissant, tournèrent le dos et se retirèrent. Les Romains les suivent avec impétuosité, et rompent d'autant plus aisément la ligne gauloise qu'ils se serraient tous des ailes vers le centre où était le fort du combat; car toute la ligne ne combattit point en même temps, mais ce fut par le centre que commença l'action, parce que les Gaulois étant rangés en forme de croissant laissèrent les ailes loin derrière eux, et présentèrent le convexe du croissant aux Romains. Ceux-ci suivent donc de près les Gaulois et les Espagnols, et s'attroupant vers le milieu, à l'endroit où l'ennemi plia, poussèrent si fort en avant, qu'ils touchèrent des deux côtés les Africains pesamment armés. Les Africains de la droite, en faisant la conversion de droite à gauche, se trouvèrent tout le long du flanc de l'ennemi, aussi bien que ceux de la gauche qui la firent de gauche à droite, les circonstances même leur enseignant ce qu'ils avaient à faire; c'est ce qu'Annibal avait prévu : que les Romains poursuivant les Gaulois ne manqueraient pas d'être enveloppés par les Africains. Les Romains alors, ne pouvant plus garder leurs rangs et leurs files (1), furent contraints de se défendre homme à homme et par petits corps contre ceux qui les attaquaient de front et de flanc (2).

---

(1) Ceci est une excuse. Le manipule était d'une mobilité parfaite et sans la moindre difficulté faisait face en tous sens.

(2) Attaque de front et de flanc de toute l'armée et non pas des hommes

» Émilius avait échappé au carnage qui s'était fait à l'aile droite au commencement du combat. Voulant, selon la parole qu'il avait donnée, se trouver partout, et voyant que c'était l'infanterie légionnaire qui déciderait du sort de la bataille, il pousse à cheval au travers de la mêlée, écarte, tue tout ce qui se présente, et cherche en même temps à ranimer l'ardeur des soldats romains. Annibal, qui pendant toute la bataille était resté dans la mêlée, faisait la même chose de son côté.

» La cavalerie numide de l'aile droite, sans faire ni souffrir beaucoup, ne laissa pas d'être utile dans cette occasion par sa manière de combattre; car fondant de tous côtés sur les ennemis, elle leur donna assez à faire pour qu'ils n'eussent pas le temps de penser à secourir leurs gens. Mais lorque l'aile gauche, où commandait Asdrubal, eut mis en déroute toute la cavalerie de l'aile droite des Romains, à un très petit nombre près, et qu'elle se fut jointe aux Numides, la cavalerie auxiliaire n'attendit pas qu'on tombât sur elle, et lâcha pied.

» On dit qu'alors Asdrubal fit une chose qui prouve sa prudence et son habileté, et qui contribua au succès de la bataille. Comme les Numides étaient en grand nombre, et que ces troupes ne sont jamais plus utiles que lorsque qu'on fuit devant elles, il leur donna les fuyards à poursuivre, et mena la cavalerie espagnole et gauloise à la charge pour secourir l'infanterie africaine. Il fondit sur les Romains par les derrières, et, faisant charger sa cavalerie en troupe dans la

---

ou des groupes. L'armée formait coin et était attaquée par la pointe et les côtés du coin ; il n'y a même là aucune attaque de flanc. Ce jour là même le manipule présentait plus d'étendue de flanc que de front.

mêlée par plusieurs endroits, il donna de nouvelles forces aux Africains et fit tomber les armes des mains des ennemis. Ce fut alors que L. Emilius, citoyen qui pendant toute sa vie, ainsi que dans ce dernier combat, avait noblement rempli ses devoirs envers son pays, succomba enfin tout couvert de plaies mortelles.

» Les Romains combattaient toujours, et, faisant front à ceux dont ils étaient environnés, ils résistèrent tant qu'ils purent ; mais les troupes qui étaient à la circonférence diminuant de plus en plus, ils furent enfin resserrés dans un cercle plus étroit, et passés tous au fil d e l'épée. Attilius et Servilius, deux personnages d'une grande probité, et qui s'étaient signalés dans le combat en vrais Romains, furent aussi tués dans cette occasion.

» Pendant le carnage qui se faisait au centre, les Numides poursuivirent les fuyards de l'aile gauche. La plupart furent taillés en pièces, d'autres furent jetés en bas de leurs chevaux ; quelques-uns se sauvèrent à Vénuse, du nombre desquels était Varron, le général romain, cet homme abominable dont la magistrature coûta si cher à sa patrie. Ainsi finit la bataille de Cannes, bataille où l'on vit de part et d'autre des prodiges de valeur, comme il est aisé de le justifier.

» De six mille chevaux dont la cavalerie romaine était composée, il ne se sauva à Vénuse que soixante-dix Romains avec Varron, et de la cavalerie auxiliaire il n'y eut qu'environ trois cents hommes, qui se jetèrent dans différentes villes ; dix mille hommes de pied furent à la vérité faits prisonniers, mais ils n'étaient pas au combat (1). Il ne

---

(1) Ils avaient été envoyés à l'attaque du camp d'Annibal ; ils furent repoussés et pris dans leur propre camp après la bataille.

sortit de la mêlée pour se sauver dans les villes voisines qu'environ trois mille hommes ; tout le reste, au nombre de soixante-dix mille, mourut au champ d'honneur (1). »

Annibal perdit dans cette action environ quatre mille Gaulois , quinze cents Espagnols et Africains et deux cents chevaux.

Analysons :

Les infanteries légères répandues devant le front des armées escarmouchent sans résultat. Le vrai combat commence à l'attaque de la cavalerie légionnaire de l'aile gauche romaine par la cavalerie d'Annibal.

Là, dit Polybe, le combat s'échauffant, les Romains se battirent avec furie et plutôt en barbares qu'en Romains ; car ce ne fut point tantôt en reculant, tantôt en revenant à la charge, selon les lois de leur tactique ; à peine en furent-ils venus aux mains qu'ils sautèrent de cheval et saisirent chacun son adversaire et etc., etc.

Ceci veut dire que d'habitude la cavalerie romaine ne combattait pas corps à corps comme l'infanterie. Elle se lançait au galop sur la cavalerie adverse ; puis à grande portée de trait, si la cavalerie ennemie n'avait tourné bride en voyant arriver la cavalerie romaine, prudemment celle-ci

---

(1) Cette citation est empruntée à la traduction de dom Thuilier.

Tite-Live ne précise pas le nombre des combattants romains. Il dit que rien n'avait été négligé pour rendre la plus forte possible l'armée romaine, et que d'après le dire de quelques-uns elle montait à 87,200 hommes. Ce qui est le chiffre de Polybe. Son récit en fait tuer 45,000 et prendre ou échapper après l'action 19,000. Total 64,000. Que seraient devenus les 23,000 restants ?

ralentissait l'allure, envoyait quelques javelots, et, faisant demi-tour par pelotons, allait reprendre du champ pour recommencer. Autant en faisait la cavalerie adverse, et pareil jeu ou tout autre analogue pouvait se renouveler plusieurs fois, jusqu'au moment où l'une des cavaleries arrivant à persuader à son ennemie que par l'élan de sa course elle va l'aborder, celle-ci tournait bride devant l'élan, et était poursuivie à outrance.

Ce jour là, le combat s'échauffant, on en vint réellement aux mains, c'est-à-dire que les deux cavaleries s'abordèrent pour de vrai et que l'on se prit homme à homme. La chose était forcée du reste. A moins de lâcher pied de part et d'autre il fallait ce jour là s'aborder ; l'espace manquait pour l'escarmouche. Resserrée entre l'Aufide et les légions, la cavalerie romaine ne pouvait manœuvrer (Tite-Live) ; la cavalerie espagnole et gauloise, également resserrée, et, double de la cavalerie romaine forcée d'être sur deux lignes, le pouvait encore moins. Ce front limité servait beaucoup les Romains inférieurs en nombre qui ne pouvaient ainsi être attaqués que de face, c'est-à-dire par nombre égal, et il rendait, nous l'avons dit, l'abordage inévitable. Ces deux cavaleries arrêtées tête à poitrail ont dû combattre de près, se prendre homme à homme, et, pour des cavaliers à cheval sur simples tapis et sans étriers, embarrassés d'un bouclier, d'une lance, d'un sabre ou d'une épée, se prendre homme à homme c'est s'accrocher mutuellement, tomber mutuellement et combattre à pied. C'est là ce qui est arrivé, ainsi que l'explique le récit de Tite-Live complétant celui de Polybe, et ce qui arrivait toutes les fois que deux cavaleries antiques avaient réellement l'envie de combattre, comme le montre le combat du Tesin. Ce mode d'action était tout à l'avantage des Romains qui étaient bien armés et y étaient dressés ; témoin encore ce combat du Tesin où l'infanterie légère romaine fut taillée en pièces, mais où l'élite des cavaliers romains, bien qu'entourés, et après le premier moment de surprise, combattant à pied et à cheval, firent plus de mal qu'ils n'en reçurent à la cavalerie d'Annibal, et ramenèrent au camp leur général blessé. Les Romains en outre étaient solidement commandés par un homme de tête et de cœur, le consul Emilius, qui, sa cavalerie défaite, au lieu de fuir, alla se faire tuer dans les rangs de l'infanterie.

Et cependant nous voyons 3,000 à 3,400 cavaliers romains à peu près exterminés par 6 à 7,000 Gaulois et Espagnols qui ne paient pas même de 200 hommes cette extermination, puisque toute la cavalerie d'Annibal ne perdit que 200 hommes dans la journée.

Comment expliquer celà ?

Parce que la plupart sont morts sans même songer à faire payer leur vie, parce qu'ils ont pris la fuite pendant le combat du premier rang et ont été impunément frappés par derrière. Ces mots de Polybe : « la plupart demeurèrent sur place après s'être défendus avec la dernière valeur, » sont des mots consacrés, et bien avant Polybe ; les vaincus se consolent par l'idée de leur bravoure et les vainqueurs ne démentent jamais. Par malheur les chiffres sont là. De quelque manière qu'on essaie d'envisager ce combat, on est obligé de le voir très court, comme il fut en effet d'après le récit, ce qui supprime l'acharnement. Les cavaliers gaulois et romains avaient chacun déjà fait un grand effort de bravoure en s'abordant de front ; cet effort est suivi de l'angoisse terrible d'un combat de près ; les cavaliers romains les premiers, qui par derrière les combattants à pied pouvaient voir la deuxième ligne gauloise à cheval, n'y tiennent plus. La peur bien vite fait remonter à cheval et tourner bride aux rangs inoccupés qui livrent leurs compagnons et se livrent eux-mêmes comme un troupeau de moutons en déroute, au fer des vainqueurs.

Et cependant ces cavaliers étaient des hommes braves, c'était l'élite de l'armée, des chevaliers, des extraordinaires ou garde alliée des consuls, des volontaires de nobles familles.

La cavalerie romaine défaite, Asdrubal mène ses cavaliers gaulois et espagnols, en passant derrière l'armée d'Annibal, à l'attaque de la cavalerie alliée jusque là maintenue par les Numides (1). La cavalerie des alliés n'attendit pas l'ennemi. Elle tourna de suite le dos ; poursuivie à outrance par les Numides qui étaient nombreux (3,000) et qui excellaient à la poursuite, elle fut exterminée à 300 hommes près, et sans combat.

Après l'escarmouche et l'écoulement des infanteries lé-

---

(1) Les cavaliers Numides étaient une cavalerie légère irrégulière, excellente pour escarmoucher, inquiéter, effrayer même par ses cris désordonnés, son galop effréné ; ne pouvant tenir contre une cavalerie régulière disciplinée pourvue de mors et d'armes solides, mais essain de mouches qui toujours harcèle et à la moindre faute tue ; mais insaisissable, parfait pour une poursuite longue et le massacre des vaincus auxquels elle ne laissait ni repos ni trêve ; cavalerie arabe, mal armée pour le combat, mais assez bien pour l'égorgement, comme il paraît d'après les résultats. Le couteau arabe, le couteau kabyle, le couteau indien, de nos jours, qui fait la jouissance du vainqueur barbare ou sauvage (les Indiens scalpent, les Arabes saignent et mutilent) devait jouer son rôle.

gères les infanteries de ligne s'abordèrent. Polybe nous a expliqué comment l'infanterie romaine en arriva à se laisser resserrer entre les deux ailes de l'armée carthaginoise et fut prise dit-on par derrière par la cavalerie d'Asdrubal. Il est probable aussi que les Gaulois et les Espagnols repoussés dans la première partie de l'action et forcés de tourner le dos, revinrent, aidés d'une partie de l'infanterie légère, à la charge sur la tête de l'angle formé par les Romains et achevèrent de les cerner.

Mais nous savons, on le verra d'ailleurs un peu plus loin par des exemples tirés de César, que le cavalier antique est impuissant contre l'infanterie en ordonnance, contre le fantassin même isolé, ayant le moindre sang froid, et la cavalerie espagnole et gauloise dût trouver derrière l'armée romaine les triaires resserrés (1), armés de piques et soldats solides. Elle dût en maintenir une partie, la forcer à lui faire face, mais leur faire peu ou point de mal tant que les rangs furent conservés.

Nous savons que l'infanterie d'Annibal qui portait les armes romaines se composait au plus de 12,000 hommes ; nous savons que son infanterie gauloise et espagnole, défendue par un simple bouclier, avait dû reculer, tourner le dos, et probablement avait déjà perdu bien près des 4,000 hommes que la bataille coûta aux Gaulois.

Déduisons les 10,000 hommes qui sont allés à l'attaque du camp d'Annibal et les 5,000 que celui-ci a dû y laisser. Il reste :

---

(1) Ils formaient la troisième ligne romaine d'après l'ordre de bataille de la Légion. La formation de la première ligne en pointe dût naturellement les resserrer, en arrière, à l'ouverture de l'angle.

Une masse de 70,000 hommes qui est cernée et égorgée par 28,000 fantassins, et, en comptant la cavalerie d'Asdrubal, par 36,000 hommes, par moitié nombre.

On peut se demander comment 70,000 hommes se sont ainsi laissés égorger, pour vrai dire sans défense, par 36,000 moins bien armés, alors que chaque combattant n'avait en face de lui qu'un homme ; car dans le combat de près, et surtout sur un développement aussi grand, les combattants immédiatement engagés sont en nombre égal dans la troupe qui cerne et dans celle qui est cernée. Il n'y avait là ni canons ni fusils pouvant piocher par des feux convergents dans la masse et la détruire par la supériorité du feu convergent sur le feu divergent ; les traits s'étaient épuisés dans la première période de l'action. Il semble que, par leur masse elle-même, les Romains devaient opposer une résistance impossible à vaincre, et qu'après avoir laissé l'ennemi s'user contre elle, cette masse n'avait qu'à se détendre pour repousser comme paille les assaillants.

Mais elle est exterminée.

Lorsque à la suite des Gaulois et des Espagnols, qui certes ne pouvaient tenir à moral égal contre les armes supérieures des légionnaires, le centre poussait vigoureusement devant lui ; lorsque les ailes, afin de le soutenir et de ne pas perdre les intervalles, suivaient son mouvement en se rapprochant par une marche oblique en avant et formaient les bas côtés du saillant, l'armée romaine toute entière, en ordre de coin, marchait à la victoire ; — et voilà que tout à coup les ailes sont abordées par les bataillons africains ; — les Gaulois, les Espagnols (1) en retraite reviennent sur la

---

(1) Ramenés par Annibal qui s'était réservé le commandement du centre.

tête ; — les cavaliers d'Asdrubal sur les derrières attaquent les réserves (1) ; — partout le combat ; — sans s'y attendre, sans être prévenus, au moment où ils se croyaient vainqueurs, partout, en avant, à droite, à gauche, en arrière, les soldats romains entendent les clameurs furieuses des combattants (2).

La pression physique était peu de chose ; — les rangs qu'ils combattaient n'avaient pas la moitié de l'épaisseur des leurs. — La pression morale était énorme. L'inquiétude puis l'épouvante les prit ; les premiers rangs, fatigués ou blessés, veulent se retirer ; mais les derniers rangs effarés reculent, lâchent pied et viennent tourbillonner dans l'intérieur du triangle ; démoralisés, ne se sentant point soutenus, les rangs engagés les suivent, et la masse sans ordre se laisse égorger. Les armes leurs tombèrent des mains, dit Polybe...

L'analyse de Cannes est terminée. Avant de passer au récit de Pharsale, nous ne pouvons résister à la tentation, bien que la chose soit un peu hors du sujet, de dire encore quelques mots sur les combats d'Annibal.

Ces combats ont un caractère particulier d'acharnement qui s'explique par la nécessité de dominer la ténacité romaine. On dirait qu'il ne suffit pas à Annibal de la victoire ; il veut la destruction, et ses moyens tendent toujours à l'obtenir en coupant toutes retraites à l'ennemi ; il sait bien qu'avec Rome la destruction est le seul moyen d'en finir.

----

(1) Les Triaires, la troisième ligne romaine.

(2) On sait combien, au combat sous Alise, les soldats de César, prévenus par lui cependant, furent troublés par les cris du combat qui se passait derrière eux. Le bruit du combat derrière soi a toujours démoralisé les troupes.

Il ne croit pas chez les masses au courage du désespoir ; il croit à la terreur et il connaît pour l'inspirer toutes les ressources de l'imprévu.

Mais ce ne sont pas les pertes des Romains qui sont ce qu'il y a de plus étonnant dans ces combats, ce sont les pertes d'Annibal. Qui a perdu autant contre les Romains, avant lui, après lui. n'a jamais été vainqueur. Maintenir au combat, jusqu'à ce que la victoire s'en suive, des troupes qui ont fait de telles pertes, est d'une main bien puissante.

Il inspirait à son monde une confiance absolue. Presque toujours son centre, où il plaçait ses Gaulois, sa chair à canon, est enfoncé ; mais cela ne paraît inquiéter, troubler, ni lui ni ses soldats.

On peut répondre que ce centre percé l'était par des gens qui échappaient à la pression de l'armée romaine entre les deux ailes carthaginoises ; que ces gens étaient en désordre, car ils avaient combattu et poussé les Gaulois qu'Annibal savait faire battre avec une singulière tenacité ; qu'ils se sentaient, à ce qui se passe derrière eux, comme échappés de dessous un pressoir, et — trop heureux d'en être hors — ne songeaient qu'à s'éloigner de la bataille et nullement à revenir sur les flancs ou les derrières de l'ennemi ; que du reste sans doute Annibal, bien qu'il n'en soit rien dit, avait pris ses précautions contre toute idée de leur part de revenir à la lutte.

Tout cela est vrai ou probable ; la confiance des troupes ainsi percées n'en est pas moins étonnante.

Annibal, pour inspirer à son monde une pareille confiance, devait lui exposer avant le combat ses moyens d'action, dans la mesure où naturellement une trahison n'aurait pu lui nuire ; il devait le prévenir qu'il serait percé , mais n'avait à s'en préoccuper aucunement parce que c'était chose prévue et parée ; et ses troupes en effet ne s'en préoccupent pas.

En laissant de côté ses conceptions de campagnes, sa plus grande gloire aux yeux de tous , Annibal est bien certainement le plus grand général de l'antiquité par son admirable intelligence du moral du combat, du moral du soldat , soit sien, soit ennemi, du fond que l'on peut en faire dans les différentes péripéties d'une guerre , d'une campagne , d'une action. Ses soldats ne sont pas meilleurs que les soldats romains ; ils sont moins bien armés, moitié moins nombreux , cependant il est toujours vainqueur ; parce que ses moyens sont avant tout des moyens moraux , et que toujours, sans parler de l'absolue confiance de son monde , il a la ressource, quand il commande une armée bien à lui , de mettre par une combinaison quelconque l'ascendant moral de son côté.

Il avait en Italie, dit-on, une cavalerie supérieure à la cavalerie romaine. Mais les Romains avaient une infanterie bien supérieure. Changez les rôles ; bien certainement il trouvera le moyen de battre peut-être encore mieux les Romains. Les moyens d'action ne valent que par l'emploi qu'on en sait faire, et Pompée, nous le verrons, se fait battre à Pharsale précisément parce qu'il a une cavalerie supérieure à celle de César.

Si Annibal est vaincu à Zama, c'est que le génie a toujours pour limite l'impossible ; Zama nous prouve encore la connaissance parfaite de l'homme que possédait Annibal, et sa puissance d'action sur les troupes. Sa troisième ligne, la

seule où il eut des soldats en somme, est la seule qui com-
batte ; et avant d'être vaincue, prise de tous côtés, elle met
2,000 Romains par terre.

Nous comprendrons plus loin quel moral et quel acharnement cela suppose.

IV.

Voici maintenant, d'après César, le récit de la bataille
de Pharsale :

« Lorsque César se fut approché du camp de Pompée, il
remarqua que son armée était placée dans l'ordre suivant :

» A l'aile gauche étaient les deux légions nommées la
première et la troisième, que César avait envoyées à Pompée
au commencement des troubles, en vertu d'un décret du
Sénat ; c'est là que se tenait Pompée. Scipion occupait le
centre avec les légions de Syrie. La légion de Cilicie, jointe
aux cohortes espagnoles qu'avait amenées Afranius, était
placée à l'aile droite. Pompée regardait les troupes que nous
venons de voir ainsi placées comme les plus solides de son
armée. Entre elles, c'est-à-dire entre le centre et les ailes,
il avait distribué le reste, et comptait en ligne 110 cohortes
(complètes). C'étaient 45,000 hommes ; 2,000 vétérans,
précédemment récompensés pour leurs services, étaient venus le rejoindre ; il les avait dispersés dans toute la ligne de
bataille. Les autres cohortes, au nombre de sept, avaient
été laissées à la garde de son camp et des forts voisins. Son
aile droite était appuyée à un ruisseau de rives inabor-

dables ; et pour cette raison il avait mis toute sa cavalerie (7,000 hommes) (1), ses archers et ses frondeurs (4,200 hommes) à l'aile gauche.

» César gardant son ancien ordre de bataille (2) avait placé la 10ᵉ légion à l'aile droite, et à l'aile gauche la 9ᵉ, quoique fort affaiblie par les combats de Dyrrachium ; à celle-ci il adjoignit la 8ᵉ pour faire à peu près une légion avec les deux , et il leur recommanda de se soutenir l'une l'autre. Il avait en ligne 80 cohortes constituées (fort incomplètes), montant à 22,000 hommes. Deux cohortes avaient été laissées à la garde du camp. César avait donné le commandement de l'aile gauche à Antoine, celui de la droite à P. Sylla, celui du centre à C. Domitius. Pour lui, il se plaça en face de Pompée. Mais après avoir reconnu la disposition de l'armée ennemie , craignant que son aile droite ne fut enveloppée par la nombreuse cavalerie de Pompée, il tira au plus tôt de sa 3ᵉ ligne une cohorte de chaque légion (6 cohortes), en forma une 4ᵉ ligne, la disposa pour recevoir cette cavalerie et lui montra ce quelle avait à faire ; puis il avertit bien ces cohortes que le succès de la journée dépendait de leur valeur. En même temps il commanda à toute l'armée, et en particulier à la 3ᵉ ligne, de ne pas s'ébranler sans son ordre , se réservant quand il le jugerait à propos, de donner le signal au moyen de l'étendard.

---

(1) Sa cavalerie consistait en 7,000 chevaux, dont 500 Gaulois ou Germains, les meilleurs cavaliers de ce temps, 900 Galates, 500 Thraces, et des Thessaliens, Macédoniens, Italiens en divers nombre.

(2) Les légions de César étaient, chacune dans son ordre de bataille, placées sur trois lignes : 4 cohortes en 1ʳᵉ ligne, 3 en 2ᵉ, 3 en 3ᵉ. Ainsi les cohortes d'une légion étaient toujours, en bataille, soutenues par des cohortes de la même légion.

César parcourt ensuite ses lignes pour exhorter son monde à bien faire, et le voyant plein d'ardeur, fait donner le signal.

» Entre les deux armées il ne restait que juste assez d'espace pour que chacune eût le champ nécessaire à la charge. Mais Pompée avait recommandé à son monde qu'il attendît la charge sans bouger, et laissât l'armée de César rompre ses rangs. Il en faisait ainsi, dit-on, d'après l'avis de C. Triarius, afin d'annuler la force du premier élan chez les soldats de César, afin que leur ordre de combat fût disjoint, et que les soldats de Pompée bien disposés dans leurs rangs n'eussent plus à recevoir l'épée à la main que des hommes en désordre ; il pensait encore, ses troupes restant sur place au lieu de courir au-devant des traits lancés, amortir d'autant la force de chute des pilums, et en même temps il espérait que les soldats de César, par cette charge d'une course double, seraient hors d'haleine et accablés de fatigue. Cette recommandation d'immobilité nous paraît être une erreur de Pompée, parce qu'il est chez tous une animation, une ardeur naturelle qui s'enflamme par l'élan au combat ; les généraux ne doivent point réprimer mais augmenter cette excitation, et ce n'est pas en vain qu'il a été établi, dans les temps antiques, que les troupes doivent pousser de grands cris, toutes les trompettes sonner, dans la marche au combat, afin d'épouvanter l'ennemi et d'exciter les siens.

» Cependant nos soldats, au signal donné, s'élancent le pilum à la main ; mais ayant remarqué que ceux de Pompée ne couraient point à eux, instruits par l'expérience et formés par les combats précédents, ils ralentissent d'eux-mêmes et s'arrêtent au milieu de leur course, pour ne pas arriver hors d'haleine et à bout de forces ; et quelques moments après, ayant repris leur course, ils lancent leurs pilums, et puis immédiatement selon l'ordre de César mettent l'épée à la main. Les Pompéiens se comportent parfaitement ; ils reçoivent courageusement les traits, ils ne bougent pas devant l'élan des légions, ils conservent leurs rangs, et, leurs pilums envoyés, s'arment de l'épée.

» En même temps toute la cavalerie de Pompée s'élance de l'aile gauche, comme elle en avait reçu l'ordre, et la foule de ses archers se répand de toute part. Notre cavalerie n'attend pas la charge, mais elle cède le terrain en reculant un peu. La cavalerie de Pompée n'en devient que plus pressante, et commence à développer ses escadrons et à nous tourner par notre flanc découvert. Aussitôt que César voit son intention, il donne le signal à sa 4ᵉ ligne composée de six cohortes. Celles-ci s'ébranlent aussitôt et (enseignes baissées) chargent avec tant de vigueur et de résolution les cavaliers Pompéiens, que pas un ne tient, et que tous ayant tourné bride non-seulement quittent la place, mais pressés par la fuite gagnent au plus vite les plus hautes montagnes. Eux partis, les archers et les frondeurs abandonnés sans défense et sans protection sont tous tués. Du même pas les cohortes se portent derrière l'aile gauche de Pompée dont l'armée combat et résiste toujours, et l'abordent à dos.

» En même temps César fait avancer sa troisième ligne qui jusqu'à ce moment s'était tenue tranquille à son poste. Ces troupes fraîches ayant relevé celles qui étaient fatiguées, les soldats de Pompée, d'un autre côté pris à dos, ne peuvent plus tenir et tous prennent la fuite.

» César ne s'était pas trompé lorsqu'il avait dit à ces cohortes qu'il plaçait en 4ᵉ ligne contre la cavalerie en les exhortant à bien faire, que par elles commencerait la victoire. Par elles en effet, la cavalerie fut repoussée, par elles la troupe des frondeurs et des archers fut taillée en pièces, et par elles l'aile gauche de Pompée fut tournée, ce qui décida la déroute.

» Dès que Pompée vit sa cavalerie repoussée et cette partie de l'armée sur laquelle il comptait le plus saisie de terreur, se fiant peu au reste, il quitta la bataille et courut à cheval à son camp, où s'adressant aux centurions qui gardaient la porte prétorienne, il leur dit à haute voix pour être entendu des soldats : Gardez bien le camp et défendez-le vigoureusement en cas de malheur ; pour moi, je vais faire le tour des autres portes et assurer la défense des postes.

» Cela dit, il se retire au prétoire, désespérant du succès et cependant attendant l'évènement.

» Après avoir forcé les ennemis en déroute à se jeter dans leurs retranchements, César, persuadé qu'il ne devait pas donner le moindre répit à leur épouvante, exhorta ses soldats à profiter de leur avantage et à attaquer le camp ; et ceux-ci, bien qu'accablés par la chaleur, car le combat s'était prolongé jusqu'au milieu du jour, ne refusèrent aucune fatigue et obéirent. Le camp fut d'abord bien défendu par les cohortes qui en avaient la garde et surtout par les Thraces et les barbares : car pour les soldats qui avaient fui de la bataille, pleins de frayeur et accablés de fatigue, ils avaient presque tous jeté leurs armes et leurs enseignes et songeaient bien plus à se sauver qu'à défendre le camp.

Bientôt même. ceux qui tenaient bon sur le retranchement ne purent résister à la nuée des traits ; couverts de blessures ils abandonnèrent la place, et conduits par leurs centurions et leurs tribuns ils se réfugièrent au plus vite sur les hautes montagnes qui avoisinaient le camp.

» César ne perdit dans cette bataille que 200 soldats, mais environ 30 centurions des plus braves y furent tués... De l'armée de Pompée il périt environ 15,000 hommes, et plus de 24,000 qui s'étaient réfugiés sur la montagne et que César avait fait cerner de retranchements, vinrent se rendre le lendemain. »

Tel est le récit de César. Les choses ressortent si clairement de ce récit qu'il est à peine besoin de commentaires.

César avait l'ordre de bataille habituel sur trois lignes, consacré dans les armées romaines sans être absolu cependant, puisque l'on voit Marius combattre sur deux seulement ; mais nous l'avons dit, suivant l'occasion le génie du chef modifiait. Il n'y a pas lieu de supposer que l'armée de Pompée fut en ordre différent.

Pour faire face à cette armée double de la sienne, César, s'il eût conservé l'ordonnance sur 10 rangs de la cohorte, n'aurait pu former qu'une première ligne et ensuite une deuxième, de moitié nombreuse, comme réserve ; mais il connaissait la valeur de ses troupes et il savait, nous l'avons dit aussi, à quoi s'en tenir sur la force apparente des rangs profonds. Aussi il n'hésite pas à diminuer son épaisseur pour conserver intacts l'ordre et le moral des trois cinquièmes de ses troupes, jusqu'au moment de leur engagement ; et, afin d'être plus sûr de sa troisième ligne, de sa réserve, afin qu'elle ne cède pas à l'entraînement de se distraire de son anxiété par l'action, il lui fait des recommandations toutes particulières, et peut-être, car le texte prête à interprétation, la tient à distance double de l'habitude en arrière des combattants.

Ensuite, dans le but de parer au mouvement tournant des 7,000 cavaliers et des 4,200 frondeurs et archers de Pompée, mouvement dans lequel celui-ci met l'espoir de la journée, il dispose six cohortes qui représentent à peine 2,000 hommes. Il a confiance parfaite que ces 2,000 hommes feront tourner bride à cette cavalerie, et ses 1,000 cavaliers à lui sauront bien alors si vivement la pousser qu'elle ne songera même pas à se rallier. Ainsi arrive : et les 4,200 archers et frondeurs sont égorgés comme des moutons par ces cohortes aidées, sans doute, des 400 fantassins (1) jeunes et agiles que César mêlait à ses 1,000 cavaliers et qui restèrent à cette besogne, laissant les cavaliers, qu'ils eussent ralentis, poursuivre les fuyards talonnés par la peur.

Voilà 7,000 cavaliers balayés et 4,200 fantassins égorgés sans combat, tous démoralisés simplement par une démonstration vigoureuse.

L'ordre d'attendre la charge donnée par Pompée à son infanterie est jugée trop sévèrement par César. Certaine-

---

(1) César dit précédemment que : pour suppléer à l'infériorité numérique de sa cavalerie, César avait choisi 400 jeunes gens (*adolescentes*) des plus alertes parmi ceux qui marchaient en avant des enseignes (*ex antesignatis*) et par des exercices quotidiens les avait accoutumés à combattre entre ses cavaliers (*inter equites prœliari*). Il avait ainsi obtenu ce résultat que ses mille cavaliers osaient en rase campagne tenir tête aux 7,000 cavaliers de Pompée sans se laisser épouvanter de leur multitude (*Neque magnopere eorum multitudine terrerentur*).

ment il a raison en thèse générale ; il ne faut point refroidir l'élan des troupes , et l'initiative de l'attaque donne en effet à l'assaillant un certain ascendant moral. Mais avec des soldats solides et dûment prévenus on peut tenter un piège, et les soldats de Pompée ont prouvé leur solidité en attendant sur place et sans broncher un ennemi en bon ordre et plein de vigueur, alors qu'ils comptaient le recevoir en désordre et hors d'haleine. Quoiqu'il n'ait pas réussi le conseil de Triarius n'était donc point mauvais ; la conduite même des soldats de César le prouve ; et ce conseil et cette conduite montrent quelle était l'importance du rang matériel dans le combat antique ; en assurant le soutien , le secours mutuel, il faisait la confiance du soldat.

Malgré donc que les soldats de César eussent l'initiative de l'attaque, le premier choc ne décide de rien. Il y a combat sur place, combat de plusieurs heures, et voilà 45,000 hommes de bonnes troupes, qui après une lutte où il perdent à peine 200 hommes ; — car, avec armes, courage, escrime égales, l'infanterie de Pompée ne doit point perdre face à face plus que celle de César ; — voilà 45,000 hommes qui lâchent pied, et du champ de bataille à leur camp, sont égorgés au nombre de 12,000.

Les soldats de Pompée avaient deux fois la profondeur des rangs de César; l'ennemi dans son élan ne les a point fait reculer d'un pas ; d'autre part leur masse est impuissante à le repousser, et l'on combat sur place. Pompée leur avait annoncé, dit César, que l'armée ennemie serait tournée par sa cavalerie, et tout-à-coup, alors qu'ils luttent bravement, pied à pied, ils entendent derrière eux les clameurs d'attaque des six cohortes de César, 2,000 hommes.

Il semble que pour une masse semblable, parer à ce danger était chose facile ? Non. L'aile ainsi prise à dos lâche pied ; de proche en proche la contagion de la peur entraîne le reste ; et l'épouvante est si grande qu'ils ne songent pas à se reformer dans leur camp un moment défendu par les cohortes de garde. Comme à Cannes, les armes leur tombent des mains. Sans la bonne contenance des gardes du camp qui a permis aux fuyards de gagner la montagne, les 24,000 prisonniers du lendemain eussent fait des cadavres ce jour-là.

Cannes et Pharsale pourraient à la rigueur suffire pour faire comprendre le combat antique. Ajoutons cependant quelques autres citations caractéristiques, que nous choisirons brèves et telles qu'elles se présentent dans l'ordre des temps ; les renseignements seront plus complets (1).

Tite-Live raconte que dans un combat contre les peuples des environs de Rome, je ne sais plus lequel, les Romains n'osèrent poursuivre de peur de rompre leurs rangs.

Dans un combat contre les Herniques, il montre les cavaliers romains, qui n'ont pu rien faire à cheval pour ébranler l'ennemi, demandant au consul à mettre pied à terre pour combattre en fantassins. — Et ceci n'est point particulier aux cavaliers romains ; on voit plus tard les meilleurs cavaliers, les Gaulois, les Germains, les Parthes même, mettre pied à terre pour combattre réellement.

---

(1) Ils le seront tout-à-fait pour qui voudra lire in extenso dans Xénophon, le combat des dix mille contre Pharnabase en Bithynie, § 34, page 569, édition Lisken et Sauvan. — Dans Polybe le combat du Tésin, chapitre XIII du livre III. — Dans César ou ses continuateurs, les combats contre Scipion, Labiénus et Afranius, les Getules et les Numides, § 61, page 282, et § 69, 70, 71 et 72, pages 283, 285 et 286, dans la guerre d'Afrique, édition Lisken et Sauvan.

Les Volsques, les Latins, les Herniques, etc., sont réunis en multitude pour combattre les Romains ; l'action touche à sa fin et Tite-Live raconte : « Enfin, les premiers rangs étant tombés, chacun *voyant le carnage arriver jusqu'à lui* prit la fuite ; puis, pressés, ils *jettent leurs armes* et se dispersent pour fuir ; et alors s'élance la cavalerie, ayant l'ordre non de tuer les isolés, mais de gêner la foule avec ses traits, de ne cesser de l'inquiéter, de la ralentir en un mot, et d'empêcher la dispersion afin de permettre à l'infanterie d'arriver et de massacrer. »

Au combat d'Amilcar contre les mercenaires révoltés, qui jusque là avaient toujours battu les Carthaginois, les mercenaires croyaient l'envelopper. Amilcar les surprend par une manœuvre nouvelle pour eux et il les bat. Il marche sur trois lignes : Eléphants, cavalerie et infanterie légère, puis phalanges des pesamment armés. A l'approche des mercenaires qui marchent vigoureusement à son encontre, les deux lignes formées par les éléphants, les cavaliers et l'infanterie légère, tournent le dos et vont au plus vite se placer sur les ailes de la 3e ligne ; la 3e ligne ainsi découverte rencontre un ennemi qui croyait n'avoir plus qu'à poursuivre, le surprend par conséquent, le met en fuite, et le livre ainsi à l'action des éléphants des chevaux et des armées à la légère qui massacrent les fuyards.

Amilcar tue 6,000 hommes, en prend 2,000 et perd si peu de monde qu'il n'en est pas question, ne perd personne sans doute puisqu'il n'y eut pas de combat.

A Trasimène, les Carthaginois perdent 1,500 hommes presque tous Gaulois, les Romains 15,000 et 15,000 prisonniers. Combat acharné de trois heures.

A Zama, Annibal a 20,000 tués. 20,000 prisonniers, les Romains 2,000 tués. Combat sérieux avec la 3e ligne d'Annibal qui seule a combattu et n'a cédé que sous l'attaque en queue et en flanc de la cavalerie Massinissa.

A la bataille de Cynocéphales, entre Philippe et Flaminius, Philippe presse Flaminius avec sa phalange de 32 de profondeur. Vingt manipules prennent la phalange en queue. La bataille est perdue par Philippe. Les Romains comptent 700 tués ; les Macédoniens 80,000 et 5,000 pris.

A Pydna, — Paul-Emile contre Persée, — la phalange marche sans pouvoir être arrêtée ; mais elle se disjoint naturellement suivant le plus ou moins de résistance qu'elle rencontre. Des centuries pénètrent dans les crevasses du bloc et tuent les soldats embarrassés de leurs longues piques et qui ne sont forts qu'unis, de front, et à longueur de bois. Effroyable désordre et tuerie, 20,000 tués, 5,000 pris sur 44,000 ! L'historien ne daigne pas parler des pertes romaines.

Bataille d'Aix contre les Teutons. Marius les fait surprendre par derrière. Affreux carnage ; 100,000 Teutons, 300 Romains tués.

Bataille de Chéronée de Sylla contre Archélaüs lieutenant de Mithridate : Sylla a une trentaine de mille hommes, Archélaüs 110,000. Archélaüs est battu par surprise de derrière. Les Romains perdent 14 hommes et tuent jusqu'à épuisement de poursuite.

Bataille d'Orchomène contre le même ; répétition de Chéronée.

César raconte que sa cavalerie ne pouvait combattre les Bretons sans s'exposer beaucoup, parce que ceux-ci feignaient de fuir pour l'éloigner de l'infanterie et qu'alors, s'élançant de leurs chariots de guerre, ils la *combattaient à pied avec avantage.*

Un peu moins de 200 vétérans embarqués sur un navire se font échouer la nuit pour n'être point pris par des forces navales supérieures. Ils atteignent un poste avantageux et y passent la nuit. A la pointe du jour, Otacilius envoie contre eux environ 400 cavaliers et quelqu'infanterie de la garnison d'Alesio. Ils se défendirent vaillamment ; et après en avoir tué plusieurs ils rejoignirent les troupes de César sans qu'ils eussent perdu un seul homme.

L'arrière-garde de César est atteinte par la cavalerie de Pompée au passage de la rivière Génusus, en Macédoine, dont les bords sont fort escarpés. César appose à la cavalerie de Pompée forte de 5,000 à 7.000 hommes, sa cavalerie, 600 à 1,000 hommes parmi lesquels il avait soin d'entremêler 400 fantassins d'élite ; ils firent si bien leur devoir que, dans le combat qui s'engagea, ayant repoussé les ennemis, ils en tuèrent plusieurs, et se replièrent sur le gros de l'armée sans perte d'un seul homme.

A la bataille de Thapse, en Afrique, contre Scipion, César tue 10,000 hommes en perd 50 et a quelques blessés.

A la bataille sous les murs de Munda (Espagne) contre un des fils de Pompée, César a 80 cohortes et 8,000 chevaux, environ 48,000 hommes.

Pompée a 13 légions, 60,000 hommes de troupe de ligne, 6,000 cavaliers, 6,000 fantassins légers, 6.000 auxiliaires, eu tout près de 80,000 hommes. Le combat, dit le narrateur, fut vaillamment soutenu, pied à pied (1), glaive

---

(1) Le pied à pied, le glaive à glaive, sérieux, à courte distance, était donc un peu rare. De même d'ailleurs, dans les duels de nos jours où l'on voit rarement les épées franchement croisées.

à glaive. Dans cette bataille d'un acharnement exceptionnel, où les chances furent un moment balancées, César eut 1,000 morts, 500 blessés ; Pompée 33,000 morts, et si Munda n'eût été si près (à deux milles à peine), ses pertes eussent été doubles. On construisit les contrevallations de Munda avec les cadavres et les armes.

En étudiant les combats antiques, on voit que c'est presque toujours une attaque de flanc ou de queue, un effet de surprise quelconque qui gagne les batailles, surtout contre les Romains ; c'est ainsi que se trouvait parfois déconcertée leur tactique excellente, si excellente que, un général romain qui valait seulement la moitié de son adversaire était sûr de le battre. Je ne les vois jamais vaincus autrement. — Xantippe, — Annibal, — aspect, manière de combattre imprévues des Gaulois, etc., etc.

Xénophon dit quelque part, en effet : « quelque chose que ce soit, ou agréable ou terrible, moins on l'a prévue, plus elle cause de plaisir ou d'effroi. Cela ne se voit nulle part mieux qu'à la guerre où toute surprise frappe de terreur ceux même qui sont de beaucoup les plus forts. »

Les combattants armés de cuirasses et de boucliers ne perdaient que très peu de monde dans le combat de face.

Dans ses victoires, Annibal ne perd pour ainsi dire que des Gaulois, sa chair à canon, combattant avec de mauvais boucliers et sans armures.

Presque toujours enfoncés, ils luttent cependant avec une tenacité qu'on ne trouve plus chez eux, ni avant ni après lui.

Thucydite caractérise le combat des armés à la légère,

en disant dans un récit : comme d'habitude les armées à la légère se mirent réciproquement en fuite (1).

Dans le combat à rangs serrés il y avait poussée mutuelle mais peu de perte, les hommes n'ayant pas la liberté de frapper à leur guise et de toute leur force.

César contre les Nerves, voyant au milieu de l'action son monde instinctivement serré pour résister à la masse des barbares, plier cependant sous la poussée, *fait ouvrir ses rangs, ses files*, afin que ses légionnaires, qui, serrés en masse étaient paralysés et forcés de céder à une pression plus forte, puissent tuer et par conséquent démoraliser l'ennemi. Et en effet, sitôt qu'au premier rang des Nerves on tomba sous les coups des légionnaires, il y eut arrêt, recul, tourbillon, défaite de cette masse (2).

V.

Nous voilà éclairés sur le moral et le mécanisme du combat antique ; l'expression de mêlée employée par les anciens était mille fois plus forte que la chose à exprimer ;

---

(1) Aujourd'hui ce sont les tirailleurs qui seuls ou à peu près font l'œuvre de destruction.

(2) Que devient, en présence du narré de César, la théorie mathématique des masses dont on discute encore ; si cette théorie avait le moindre fondement, comment jamais Marius eût-il pu tenir contre la marée montante des armées des Cimbres et des Teutons ?

Au combat de Pharsale, le conseil donné par Triarius à l'armée de Pompée, conseil suivi et qui était d'un homme d'expérience ayant vu les choses de près, montre que le choc, l'impulsion physique de la masse était un mot. — On savait qu'en penser.

elle voulait dire mêlée, croisement des armes, non mêlée des hommes.

Les résultats des combats comme pertes mutuelles suffisent à le démontrer, et un instant de réflexion nous fait voir l'erreur de la mêlée. Si dans la poursuite on pouvait se lancer au milieu de moutons, dans le combat chacun avait trop besoin de son suivant, de son voisin, qui gardaient ses flancs et son dos, pour aller de gaieté de cœur se faire tuer à coup sûr dans les rangs ennemis (1).

Avec la mêlée, du reste, où eussent été les vainqueurs?

Avec la mêlée César à Pharsale, Annibal à Cannes, eussent été vaincus; leurs rangs moins profonds, pénétrés par l'ennemi, eussent dû combattre deux contre un, eussent même été pris à dos par suite de la pénétration d'outre en outre.

N'a-t-on pas vu encore, entre troupes également solides et acharnées, la lassitude mutuelle amener, d'un accord

---

(1) Le *en-avant isolé*, dans le combat moderne, au milieu de projectiles aveugles qui ne choisissent pas, est bien moins périlleux que le *en-avant* antique, car il ne conduit jamais, sinon parfois dans un assaut, jusqu'à l'ennemi.

A Pharsale, le volontaire Crastinius, ancien centurion, se porte en avant avec une centaine d'hommes, en disant à César : « Je vais faire en sorte, mon général, que, vivant ou mort aujourd'hui, vous ayez sujet de vous louer de moi. »

César, auquel ne déplaisaient point ces exemples de dévouement aveugle à sa personne et qui savait bien, *comme elles l'ont montré*, ses troupes trop réfléchies, trop expérimentées, pour craindre la contagion d'un pareil exemple, César laisse faire ; et Crastinius et ses quelques compagnons vont se faire tuer.

Cet aveugle courage d'enfants perdus, peut, du reste, préparer l'action de la masse qui suit. C'est probablement pour cela que César l'a permis. Mais contre des troupes solides, l'exemple de Crastinius le prouve, aller ainsi de l'avant, si l'on va jusqu'à l'ennemi, c'est aller à une mort certaine.

tacite, un recul de part et d'autre et une reprise d'haleine pour recommencer après.

Comment la chose serait-elle possible avec la mêlée?

Et puis nous le répétons, avec la mêlée, le mélange des combattants, il y aurait extermination mutuelle, mais pas de vainqueurs. Comment se reconnaîtraient-ils ?

Conçoit-on deux foules mélangées par hommes ou par groupes, où chacun occupé de face peut être impunément frappé de côté ou par derrière? C'est une extermination mutuelle, où la victoire appartient au dernier survivant, car dans ce mélange, cette mêlée, nul ne peut fuir, ne sait ou fuir.

Les pertes mutuelles ne sont-elles pas du reste une démonstration suffisante?

Le mot est donc trop fort; c'est l'imagination des peintres et des poëtes qui a vu la mêlée.

Voici comment se passaient les choses :

A distance de charge on marchait à l'ennemi de toute la vitesse compatible avec l'ordre nécessaire à l'escrime et au soutien mutuel des combattants. Bien souvent l'*impulsion morale*, cette résolution d'aller jusqu'au bout qui se manifeste à la fois par l'ordre et la franchise de l'allure, cette impulsion seule mettait en fuite un ennemi moins résolu.

D'habitude entre bonnes troupes, il y avait choc, mais non point choc aveugle et tête baissée de la masse; la préoccupation du rang (1) était très grande, ainsi que le montre la conduite des soldats de César à Pharsale, la mar-

____

(1) Les camarades du manipule, de la compagnie romaine, se donnaient le serment mutuel de *ne jamais quitter* le rang, sinon pour ramasser un trait, sauver un camarade (un citoyen romain), tuer un ennemi (Tite-Live).

che lente et cadencée par des flûtes des bataillons Lacédémo-
niens. Au moment de s'aborder l'élan s'amortissait de lui-
même, parce que l'homme du premier rang, forcément,
instinctivement, s'assurait de la bonne position de ses soutiens, — ses voisins du même rang, les camarades du
deuxième, — et se rassemblait sur lui-même afin d'être plus
maître de ses mouvements pour frapper et parer. Il y avait
abordage d'homme à homme ; chacun prenait l'adversaire
en face de lui et l'attaquait de front, car en pénétrant dans
les rangs avant de l'avoir abattu il risquait les blessures de
côté en perdant ses soutiens. Chacun donc heurtait son
homme de son bouclier, espérant lui faire perdre l'équilibre,
et dans l'instant qu'il cherche à le reprendre, le frapper.
Les hommes du deuxième rang, en arrière dans les intervalles nécessaires à l'escrime du premier, étaient prêts à garantir ses flancs contre qui s'avançait entre deux, prêts à
relever les fatigués ; de même du troisième rang, et ainsi
de suite.

Chacun s'étant donc de part et d'autre affermi pour le
choc, celui-ci était rarement décisif, et l'escrime, le vrai
combat de près, commençait.

Si les hommes du premier rang étaient rapidement blessés dans un des partis, les autres rangs n'avaient hâte de
les aller relever ou remplacer, il y avait hésitation, puis
défaite. — Ainsi des Romains dans leurs premières ren-
contres avec les Gaulois. — Le Gaulois, de son bouclier
parait le premier coup de pointe, et de son grand sabre de
fer s'abattant avec furie sur le sommet du bouclier romain,
le fendait et allait jusqu'à l'homme. Les Romains déjà hési-
tants devant l'impulsion morale des Gaulois, leurs cris fé-

roces, leur nudité signe de mépris des coups, tombaient à ce
moment plus nombreux que leurs adversaires et la démoralisation s'ensuivait. Bientôt ils s'habituèrent à la fougue
valeureuse mais sans tenacité de leurs ennemis, et quand
ils eurent garni le haut de leurs boucliers d'une bande de
fer qui repoussait déformée l'épée gauloise, alors ils ne tombèrent plus, et les rôles furent changés.

Les Gaulois, en effet, ne pouvaient tenir contre les armes
meilleures et l'escrime d'estoc des Romains, contre leur tenacité individuelle supérieure, presque décuplée par le relai
possible des huit rangs du manipule, — et les manipules
se renouvellaient ; — tandis que chez eux la durée du combat se limitait aux forces d'un homme à cause de la difficulté en des rangs trop serrés ou tumultueux, et souvent de
l'impossibilité voulue du relai, comme par exemple lorsqu'ils s'attachaient.

Si les armes étaient à peu près égales, en conservant ses
rangs, briser, refouler, confondre ceux de l'ennemi c'était
vaincre. L'homme en des rangs désordonnés, rompus, se
sent non plus soutenu, mais vulnérable de toute part, et il
fuit. Il est vrai qu'on ne peut guère briser des rangs sans
briser aussi les siens ; mais celui qui brise avance ; il n'a
pu avancer qu'en faisant reculer devant ses coups, en tuant
même ou en blessant ; il fait une chose à laquelle il s'attend,
voulue, qui hausse son courage et celui de ses voisins ; *il
sait, il voit* où il marche ; tandis que l'ennemi dépassé par
suite du recul ou de la chute des gens qui le flanquaient
est surpris, se voit découvert de côté ; il recule lui-même
pour aller reprendre soutien, niveau de rang en arrière.
Mais l'adversaire pousse d'autant, ce niveau ne se retrouve

plus. — Les rangs suivants cèdent au recul des premiers, et si le recul a une certaine durée, s'il est violent, la terreur commence des coups qui refoulent ainsi et peut-être abattent le premier rang. Si , afin de faire plus rapidement et plus facilement place à la poussée, de ne point s'acculer et tomber en arrière, les derniers rangs pour quelques pas tournent le dos, il y a peu de chances qu'ils représentent la face. — L'espace les a tentés. — Ils ne se retourneront plus.

Alors par cet instinct naturel du soldat de s'inquiéter, de s'assurer de ses soutiens, par la contagion de la fuite en un mot, celle-ci va remontant des derniers rangs jusqu'au premier qui, d'aussi près engagé était tenu de faire face cependant, sous peine de mort immédiate ; et ce qui suit n'a plus besoin d'être expliqué, c'est la tuerie *(Cœdes)*.

Revenons au combat.

Il est évident que l'ordonnance en ligne droite des troupes qui se sont abordées existe à peine un instant. Mais chaque groupe de files formé par l'action ne s'en relie pas moins au groupe voisin, les groupes comme les individus s'inquiétant toujours de leur soutien. Le combat se fait le long de la ligne de contact des premiers rangs de chaque armée, ligne droite, brisée, courbe, infléchie en sens divers suivant les chances diverses de l'action sur tel ou tel point, mais toujours limitant, séparant parfaitement les combattants des deux partis. Sur cette ligne, une fois engagé de bon cœur ou non, il fallait rester de face sous peine de mort immédiate, et chacun, naturellement, nécessairement, mettait dans ces premiers rangs toute son énergie à défendre sa vie.

Nulle part la ligne ne se perd enchevêtrée tant qu'il y a combat, car, du général au soldat, l'application de chacun est de conserver la continuité de soutien le long de cette ligne, et de rompre, couper celle de l'ennemi, car alors c'est la victoire.

Nous voyons donc qu'entre hommes armés de glaives, il peut y avoir, il y a, si le combat est sérieux, pénétration d'une masse dans une autre, mais jamais confusion, mélange, mêlée (1) des rangs, des hommes qui forment ces masses.

Le combat de glaive à glaive était le plus meurtrier, celui qui pouvait présenter le plus de péripéties, parce que c'est celui dans lequel la valeur individuelle du combattant comme courage, dextérité, sang-froid, comme escrime en un mot, avait l'action la plus grande et la plus immédiate. Après celui-là, les autres combats sont faciles à comprendre.

Prenons les piques et les glaives.

Les poussées à la lance d'hommes serrés, forêt de piques vous tenant à distance (les piques avaient 15 à 18 pieds (2) étaient irrésistibles. Mais on avait le loisir de tout tuer, — cavaliers, fantassins légers, — autour de la phalange, masse impuissante comme destruction, marchant d'un pas mesuré, et qu'une troupe mobile pouvait toujours éviter. Il pouvait se faire des ouvertures par la marche, par le terrain,

---

(1) Cela ne veut pas dire qu'une petite troupe tombant dans un guêpier ne puisse figurer une sorte de mélée — d'une seconde, — le temps de son égorgement. — Cela ne veut pas dire que dans la déroute il ne puisse en quelqu'endroit de la tuerie y avoir combat, combat de quelques gens de cœur qui veulent vendre leur vie. — Mais rien de cela ne constitue une mêlée réelle. — On est entouré, submergé, non mêlé.

(2) Phalanges grecques.

par les mille accidents de la lutte, par des braves, des blessés à terre qui allaient couper les jarrets du premier rang en rempant sous les lances à hauteur de poitrine, — lesquelles n'y voyaient guère, puisque celles des deux premiers rangs à peine avaient des yeux et la libre direction pour frapper ; — et la moindre ouverture faite, ces hommes aux longues lances inutiles de près, qui ne prévoyaient que le combat à longueur de bois (Polybe), étaient frappés presque inpunément par les groupes (1) se jetant dans les intervalles. Et alors, l'ennemi dans le ventre de la phalange, elle devenait, par l'inquiétude morale, masse sans ordre, moutons se renversant, s'écrasant sous la pression de la peur.

Que dans une foule en effet, des hommes trop pressés piquent de leurs couteaux ceux qui les pressent, et la contagion de la peur change la direction du flot humain, lequel revenant sur lui-même s'écrase en masse pour faire le vide autour du danger. Si donc l'ennemi fuit devant la phalange il n'y a pas mêlée ; s'il lui cède seulement par tactique et profitant des vides la pénètre par des groupes, encore là il n'y a point mêlée, mélange des rangs. Le coin entrant dans un bloc ne se mélange pas.

De phalange armée de longues piques à phalange semblable, encore moins de mêlée ; mais poussée mutuelle et pouvant durer longtemps, si l'un des partis n'arrive à faire prendre l'autre en flanc ou en queue par un corps détaché de troupes quelconques. Nous voyons du reste, dans presque tous les combats antiques, la victoire enlevée par des

---

(1) Les Romains ne perdent personne en pénétrant par centuries dans les ouvertures de la phalange.

moyens de ce genre, moyens éternellement bons, parce que leur action est morale surtout et que l'homme ne change pas.

Inutile d'expliquer à nouveau comment, pourquoi, dans tous les combats, la démoralisation, puis la fuite commençaient par les rangs postérieurs.

Nous avons essayé d'analyser le combat de l'infanterie de ligne parce que lui seul était sérieux dans le combat antique, les infanteries légères se mettant réciproquement en fuite comme le constate Thucidite. Elles revenaient poursuivre et massacrer les vaincus (1).

Pour la cavalerie, de cavalerie à cavalerie, l'impulsion morale, représentée par la vitesse de la masse et son bon ordre, avait une action des plus grandes, et nous voyons qu'infiniment rarement les deux cavaleries pouvaient résister à cette action réciproque de l'une sur l'autre. On le voit au Tésin, on le voit à Cannes, combats cités parce qu'ils sont la bien rare exception. Et encore n'y eût-il pas choc à toute vitesse, mais arrêt face à face et combat.

En effet, les ouragans de cavalerie qui se rencontrent c'est la poésie, jamais la réalité. Le choc à toute vitesse, hommes et chevaux s'y briseraient, et ni les uns ni les autres ne le veulent. Les mains des cavaliers sont là, leur instinct et l'instinct des chevaux, pour ralentir, arrêter, si l'ennemi n'arrête lui-même, et faire demi-tour s'il fonce toujours. Et si jamais on se rencontre, le choc est à ce point amorti par les mains des hommes, le cabré des chevaux, l'évité des têtes, que c'est un arrêt face à face; on s'envoie

---

(1) Les velites romains de la légion primitive, avant Marius, avaient très certainement la mission de tenir un instant dans les intervalles des manipules, en attendant les princes. — Ils maintenaient, ne fut-ce qu'un instant, la continuité de soutien.

quelques coups de sabre ou de lance, mais l'équilibre est trop instable, le point d'appui trop mobile pour l'escrime et le soutien mutuel ; l'homme se sent trop isolé, la pression morale est trop forte, et, bien que peu meurtrier, le combat ne dure qu'une seconde, précisément parce qu'il ne saurait durer sans mêlée et que dans la mêlée l'homme se sent, se voit seul et entouré. Aussi les premiers hommes qui ne se croient plus soutenus, qui ne peuvent plus supporter l'inquiétude, tournent bride et le reste suit ; et l'ennemi alors poursuit à plaisir, — à moins que lui aussi n'ait tourné bride ; — il poursuit jusqu'à rencontre de cavalerie nouvelle qui le fasse fuir à son tour.

De cavalerie à infanterie jamais il n'y avait choc. La cavalerie harcelait de ses traits, de ses coups de lance peut-être, en passant rapidement, mais jamais n'abordait.

A vrai dire la lutte de près à cheval n'existait pas. Et en effet, si le cheval en ajoutant si fort à la mobilité de l'homme lui donne le moyen de menacer et de courir sus avec vitesse, il lui permet de s'échapper avec une vitesse semblable quand la menace n'ébranle pas l'ennemi, et l'homme en use, selon son penchant de nature et le sain raisonnement, pour faire le plus de mal possible en risquant le moins possible. En résumé, avec cavaliers sans étriers ni selle, pour lesquels lancer le javelot était chose difficile (Xénophon), le combat n'était qu'une suite de harcellements réciproques, de démonstrations, menaces, escarmouches à coups de traits, où l'un et l'autre parti cherche son moment pour surprendre, intimider, profiter du désordre, et poursuivre soit cavalerie, soit infanterie ; et alors *væ victis* ; l'épée travaille.

L'homme de tout temps a la plus grande peur d'être foulé par les chevaux, et. bien certainement, cette peur a culbuté cent mille fois plus de gens que le choc réel, toujours plus ou moins évité par le cheval, n'en eût ou n'en a renversés. Quand deux cavaleries antiques veulent combattre réellement, y sont forcées, elles combattent à pied. — Tésin, Cannes, exemple de Tite-Live. — Je ne vois guère en toute l'antiquité de vrai combat à cheval que celui du chevalier Alexandre au passage de Granique. Et encore? Sa cavalerie qui traverse une rivière à berges escarpées défendues par l'ennemi, perd 85 hommes; la cavalerie Perse 1,000; et toutes deux étaient également bien armées!

Le combat moyen âge renouvelle, moins la science, les combats antiques. Les chevaliers s'abordent peut-être plus que la cavalerie antique, par la raison qu'ils sont invulnérables; il ne suffit pas de les renverser, il faut les égorger une fois par terre. Ils savaient du reste que leurs combats à cheval n'étaient pas sérieux comme résultats, et quand ils voulaient combattre pour de vrai, ils combattaient à pied. (Combat des Trente, Bayard, etc).

Les vainqueurs, de haut en bas vêtus de fer, ne perdent personne, les vilains ne comptent pas; et si le vaincu démonté est atteint, il n'est pas massacré, parce que la chevalerie est venue établir une confraternité d'armes entre les noblesses, les guerriers à cheval des diverses nations, et la rançon remplace la mort.

Si nous avons surtout parlé du combat d'infanterie, c'est que celui-ci était le plus sérieux et que, à pied, à cheval, sur le pont d'un navire, au moment du danger on retrouve toujours le même homme, et qui le connaît bien, de son action ici conclut à son action partout.

VI

Pouvons nous redire maintenant ce que nous disions au commencement de cette étude : L'homme ne combat point pour la lutte mais pour la victoire ; il fait tout ce qui dépend de lui pour supprimer la première et assurer la seconde. Le perfectionnement continu de tous les engins de guerre n'a point d'autre cause : anéantir l'ennemi en restant debout. La bravoure absolue, qui ne refuse pas le combat même à chances inégales, s'en remettant à Dieu ou à la destinée, cette bravoure n'est point naturelle à l'homme ; elle est le résultat de la culture morale, elle est infiniment rare. Car toujours en face du danger le sentiment animal de la conservation reprend le dessus ; l'homme calcule ses chances, et avec quelles erreurs ? — Nous venons de le voir.

L'homme donc a horreur de la mort. Chez les âmes d'élite, un grand devoir qu'elles seules peuvent comprendre et accomplir, fait parfois marcher au-devant ; mais la masse toujours recule à la vue du fantôme. La discipline a pour but de faire violence à cette horreur par une horreur plus grande, celle des châtiments ou de la honte. Mais toujours il arrive un instant où l'horreur naturelle prend le dessus sur la discipline, et le combattant s'enfuit. — « Arrête, arrête ; tiens quelques minutes, un instant de plus, et tu es vainqueur ; — tu n'es pas même encore blessé, — si tu tournes le dos tu es mort. » — Il n'entend pas, il ne peut plus entendre. — La coupe de la peur est pleine. — Combien d'armées ont juré de vaincre ou de périr? Combien ont tenu leur serment? Serment de moutons de tenir contre le loup. L'histoire enregistre, non les armées, mais les âmes fermes qui ont su combattre jusqu'à la mort, et le dévouement des Thermopyles est immortel avec justice.

Nous voilà ramenés aux vérités élémentaires, de tant de gens, oubliées ou inconnues, que nous avons énoncées dans notre avant-propos.

Le combat réel, sérieux, étant la rude épreuve que nous connaissons. pour l'imposer avec chances de succès à une foule humaine, il ne suffit pas que cette foule soit composée d'hommes vaillants comme les Gaulois, comme les Germains.

Il lui faut, et nous lui donnons, des chefs qui ont la fermeté et la décision de commandement provenant de l'habitude et d'une foi entière dans leur droit imprescriptible de commander consacré par la tradition, la loi, la constitution sociale.

Nous y ajoutons de bonnes armes, une manière de combattre en rapport avec ces armes et celles de l'ennemi et avec ce qui se peut obtenir des forces physiques et morales de l'homme ; et de plus, un fractionnement rationnel qui permet la direction et l'emploi de tous les efforts jusqu'à celui du dernier homme.

Nous l'animons de passions, — désir violent de l'indépendance, — fanatisme de la religion, — orgueil national, — amour de la gloire, — rage de posséder ; — et une loi de discipline terrible, en défendant que nul se soustraie à l'action, commande la solidarité la plus grande du haut en bas, entre toutes les fractions, entre les chefs, entre les chefs et les soldats, entre les soldats.

Avons-nous alors une armée solide? Pas encore. La solidarité, cette première et suprême force des armées, est ordonnée, il est vrai, par des lois sévères de discipline secondées de passions puissantes; mais ordonner ne suffit pas. Une surveillance à laquelle nul ne puisse échapper dans le combat, en assurant l'exécution de la discipline doit garantir la solidarité contre les défaillances en face du danger, ces défaillances que nous connaissons; et pour être sentie, ce qui est le plus grand point, pour exercer une forte pression morale et *faire marcher tout le monde* par crainte ou point d'honneur, cette surveillance, œil de tous ouvert sur chacun, exige en chaque groupe des gens qui se connaissent bien et qui la comprennent comme un droit et un devoir de salut commun.

Il est nécessaire alors qu'une organisation sagement ordonnée, et c'est par là qu'il faut commencer, place d'une manière permanente les mêmes chefs et les mêmes soldats dans les mêmes groupes de combattants, de telle sorte que les chefs et les compagnons de la paix ou des camps soient les chefs et les compagnons de la guerre; afin que de l'habitude de vivre ensemble, d'obéir aux mêmes chefs, de commander aux mêmes hommes, de partager fatigues et délassements, de concourir entre gens qui s'entendent vite à l'exécution des mouvements et des évolutions guerrières, naissent la confraternité, l'union, le sens du métier, le sentiment palpable, en un mot, et l'intelligence de la solidarité : Devoir de s'y soumettre, droit de l'imposer, impossibilité de s'y soustraire.

Et voici paraître la confiance.

Non point cette confiance enthousiaste et irréfléchie des armées tumultuaires ou improvisées qui va jusqu'au danger et s'évanouit si rapidement pour faire place au sentiment contraire, lequel voit partout trahison ; mais cette confiance intime, ferme, consciente, qui ne s'oublie pas au moment de l'action et seule fait de vrais combattants.

Nous avons maintenant une armée ; et il ne nous est plus difficile d'expliquer comment des gens animés de passions entraînantes, même des gens qui savent mourir sans broncher, sans pâlir, réellement forts devant la mort, mais sans discipline, sans organisation solide, sont vaincus par d'autres individuellement moins vaillants, mais solidement, solidairement constitués.

On aime à se représenter une foule armée renversant tous obstacles, enlevée par un souffle de passion.

Il y a plus de pittoresque que de vrai dans cette imagination. Si le combat était œuvre individuelle, les hommes passionnés, courageux, qui composent cette foule, auraient plus de chances de victoire ; mais dans une troupe quelle qu'elle soit, une fois en face de l'ennemi, chacun comprend que la tâche n'est pas œuvre d'un seul, est œuvre collective et simultanée, et au milieu de compagnons de hasard rassemblés de la veille sous des chefs inconnus, il sent d'instinct le manque d'union, et se demande s'il peut compter sur eux. Pensée de méfiance qui mènera loin à la première hésitation, au premier danger sérieux qui un moment arrêtera l'élan passionné.

C'est que la solidarité, la confiance ne s'improvisent pas ; elles ne peuvent naître que de la connaissance mutuelle qui fait l'union, d'où vient à son tour le sentiment de la force qui donne le courage d'affronter par la confiance de surmonter ; — le courage, c'est-à-dire la domination de la volonté sur l'instinct, dont la durée plus ou moins grande fait la victoire ou la défaite.

La solidarité seule donne donc des combattants. Mais comme en tout il y a des degrés, voyons si le combat de nos jours est à cet égard moins exigeant que le combat antique.

Dans le combat antique il n'y a danger que de près. Si une troupe avait assez de moral (et les foules asiatiques souvent ne l'avaient point) pour aller à l'ennemi jusqu'à longueur de glaive, il y avait combat. Quiconque était à cette distance savait que s'il tournait le dos il était mort ; car, nous l'avons vu, les vainqueurs perdent très peu de monde et les vaincus sont exterminés ; ce simple raisonnement tenait les hommes et pouvait les faire combattre ne fut-ce qu'un instant.

Aujourd'hui, à moins de circonstances toutes exceptionnelles et très rares, qui font déboucher deux troupes nez à nez, le combat s'engage et se fait de loin. Le danger commence à longue distance, et longtemps il faut marcher audevant de projectiles à chaque pas en avant plus pressés. Le vaincu perd des prisonniers, mais souvent, en morts et en blesssés, ne perd pas plus que le vainqueur.

Dans le combat antique on combattait par groupes resserrés sur un petit espace, en terrain découvert, en pleine vue les uns des autres, sans le bruit assourdissant des armes actuelles. On marchait en ordre à l'action qui avait lieu sur place et ne vous emportait pas en mouvements désordon-

nés à des milliers de pas du point de départ. La surveillance
des chefs était facile, les défaillances individuelles immédiatement réprimées. L'effarement général seul faisait la fuite.

Aujourd'hui le combat se fait sur des espaces immenses,
le long de grandes lignes minces à chaque instant coupées
par les accidents et les obstacles du terrain. Dès que l'action
s'engage, dès qu'il y a coups de fusils, les hommes épar-
pillés en tirailleurs ou perdus dans le désordre inévitable
d'une marche rapide (1) échappent à la surveillance
des chefs ; nombre plus ou moins grand se dissimulent (2),
se soustraient à l'action et, diminuant d'autant l'effet matériel et moral de celle-ci et la confiance des braves qui restent seuls, peuvent amener la défaite.

Mais voyons l'homme de plus près dans l'un et l'autre
combat. Je suis fort, adroit, vigoureux, exercé, plein de
sang froid, de présence d'esprit ; j'ai de bonnes armes offen-
sives et défensives et des compagnons solides depuis longtemps les mêmes qui ne me laisseront point accabler sans
me soutenir ; moi avec eux, eux avec moi, nous sommes
invincibles, invulnérables même ; nous avons fait vingt combats et nul de nous n'y est resté ; — il suffit de se bien soutenir à temps, et nous y *voyons clair*, nous sommes alertes
à nous remplacer, à mettre un combattant tout frais en face
d'un ennemi fatigué ; — nous sommes des légions de Marius,
des 50,000 qui avons su tenir contre la marée furieuse

---

(1) Résultat forcé du perfectionnement des engins.

(2) Chez les troupes sans cohésion, ce mouvement commence à 50 lieues
de l'ennemi ; nombre de gens entre dans les hôpitaux sans autre maladie
que le manque de moral qui devient très vite maladie réelle. Une discipline
draconienne n'est plus de nos jours ; la cohésion seule y peut suppléer.

des Cimbres, en avons tué 140,000, pris 60,000, en perdant des nôtres 2 à 300 maladroits.

Aujourd'hui, si fort, ferme, exercé, courageux que je sois
je ne puis jamais dire j'en reviendrai. Je n'ai plus affaire
aux hommes, je ne les crains pas, mais à la fatalité de la fonte
et du plomb. — La mort est dans l'air, invisible et aveugle,
avec des souffles effrayants qui font courber la tête. — Si
bons, si braves, si solides, si dévoués que soient mes compagnons ils ne me garantissent pas. Seulement, — et combien ceci est abstrait et moins immédiatement intelligible
à tous que le soutien matériel du combat antique, — seulement je me figure que plus nombreux nous sommes à courir un dangereux hasard, plus grande est pour chacun la
chance d'y échapper ; et puis encore je sais que, si nous
avons cette confiance que nul de nous ne manque à l'action,
nous nous sentons et nous sommes plus forts, plus résolument nous entamons et nous soutenons la lutte, et plus vite
nous en finissons.

Nous en finissons ! Mais pour en finir il faut se porter en
avant, il faut aller chercher l'ennemi (1), et fantassin, cavalier, nous sommes nuds contre le fer, nuds contre le
plomb infaillibles à deux pas. Marchons quand même, franchement, résolument ; notre adversaire ne tiendra pas de-

---

(1) Rude affaire que d'aller mordre des gens qui tirent, bien ou mal il
n'importe, six à huit coups dans une minute. — Le dernier mot sera-t-il
donc au mieux pourvu de cartouches, — à qui saura le plus en faire user
aux autres sans user les siennes ?

Observation profonde et vieille — comme les flèches : Usons leurs flèches ;
— comme le bâton : Cassons leurs bâtons, — mais comment ? Là toujours
est la question. Et choses de la guerre, entre toutes, le *précepte est aisé,
mais* etc., etc.

vant la perspective du bout portant de notre fusil, car l'abordement n'est jamais mutuel, nous en sommes sûrs, — on nous l'a dit mille fois, — nous l'avons vu. — Si cependant les choses allaient changer aujourd'hui ! Si lui aussi nous offrait le bout portant !

Qu'il y a loin de là à la confiance romaine !

Nous avons montré d'autre part combien dans l'antiquité se retirer de l'action était, pour le soldat, chose à la fois difficile et périlleuse ; aujourd'hui la tentation est bien autrement forte, la facilité plus grande et le péril moindre.

Aujourd'hui donc le combat exige une cohésion morale, une solidarité plus resserrée qu'en aucun temps. Une dernière remarque sur la difficulté de le diriger va compléter la démonstration.

Depuis l'invention des armes à feu, mousquet, fusil, canon, les distances d'aide et de soutien mutuels s'augmentent entre les différentes armes (1).

En outre, la facilité des communications de toutes sortes permet le rassemblement sur un terrain donné de forces numériques énormes. Par ces motifs, nous l'avons dit, les champs de bataille deviennent immenses.

En embrasser l'ensemble est de plus en plus difficile ; et, de plus en plus difficile en devenant plus lointaine, la direction plus souvent que jamais tend à échapper au chef suprême, aux chefs subalternes. Ce certain désordre inévitable, que présente toujours une troupe en action, va chaque jour s'augmentant avec l'effet moral des engins, à ce

---

(1) Plus donc elles se figurent être isolées, plus donc elles ont besoin de moral.

point qu'au milieu du brouhaha et des fluctuations des lignes de combat, les soldats souvent perdent les chefs, les
chefs les soldats.

Dans les troupes immédiatement et *fortement engagées*
les petits groupes seuls se maintiennent, de l'escouade à la
compagnie, s'ils sont bien constitués, servant d'appuis ou
de points de raliement aux désorientés ; et, par la force des
choses, les batailles tendent à devenir aujourd'hui, plus
qu'elles ne l'ont jamais été, des batailles de soldats (1).

En dehors des prescriptions règlementaire de tactique et
de discipline, une nécessité de sens commun s'impose il est

---

(1) Cela ne doit pas être.

Que cela ne doive pas être, c'est possible, mais cela est.

Cela n'est pas. — Et l'on objecte que les troupes dans les batailles ne sont
point toutes ni d'une manière immédiate ni fortement engagées ; que les
chefs toujours cherchent à conserver le plus longtemps possible en leur
main des troupes en ordonnance capables de marcher, d'agir, en un moment
donné, dans une direction déterminée ; qu'aujourd'hui comme hier, comme
demain, l'action décisive appartient à ces troupes en ordonnance apparais-
sant en tel ou tel ordre, en telle ou telle disposition, sur tel ou tel point, et
par conséquent appartient au chef qui a su les maintenir, les conserver, et
les diriger.

Cela est incontestable.

Mais ceci ne l'est pas moins : On a d'autant plus de chances de conserver
le dernier des troupes en main, que les troupes engagées plus solides for-
cent l'ennemi à leur opposer plus de monde. — Et l'objection faite, en mettant en avant un principe général et de tous les temps, n'oppose rien à ceci :
— Dans les troupes qui font le combat, *par les raisons que nous avons
données et qui sont des faits*, les soldats et les chefs les plus près d'eux, du
caporal au chef de bataillon, ont une action plus *indépendante* que jamais ;
et comme c'est la vigueur seule de cette action *plus indépendante* que jamais de la direction des chefs élevés qui laisse aux mains de ceux-ci des
forces disponibles et dirigeables au moment décisif, cette action devient
plus *prépondérante* que jamais, et l'on peut dire avec raison que les batailles, plus que jamais aujourd'hui, sont *des batailles de soldats*, de capitaines. — Elles le sont toujours dans le fait, puisqu'en dernière analyse
l'exécution appartient au soldat ; mais l'influence de celui-ci sur le résultat
final est plus ou moins grande ; delà le mot.

vrai d'elle-même à tous, dans une armée, de réagir contre
cette prédominance pleine de hasards de l'action du soldat
sur celle du chef, de reculer par tous les moyens, jusqu'aux extrêmes limites du possible, cet instant, que tendent
à hâter des causes chaque jour plus puissantes, où le soldat
échappe au chef.

Mais le fait est là, et ce fait et les préoccupations qu'il
suscite complètent la démonstration de cette vérité énoncée
plus haut : le combat exige aujourd'hui, pour être fait
avec une entière valeur, une cohésion morale, une solidarité plus resserrées qu'en aucun temps (1). — Vérité
presque naïve, tant il est clair que, si l'on ne veut qu'ils se
brisent, plus des liens doivent s'allonger plus ils doivent
être forts.

Si d'autres enseignements peuvent ressortir de ce travail
ils sont laissés aux méditations du lecteur ; car pour être
traduits en applications actuelles, pour s'imposer avec l'irré-
cusable autorité du fait, ils doivent s'appuyer sur une étude
sincère du combat moderne, et cette étude ne peut se faire
avec les seuls récits des historiens.

Ceux-ci exposent bien, d'une manière générale, l'action
des corps de troupes. Mais cette action en son détail et l'action individuelle du soldat, dans leurs récits comme dans la
réalité, restent enveloppées d'un nuage de poudre. Et ce-

---

(1) Les batailles navales ne sont-elles pas surtout des batailles de capitaines de vaisseaux, et du jour au lendemain amène-t-on tous les capitaines à ce sentiment de solidarité *qui les fasse tous combattre* un jour
d'action. — Trafalgar — Lissa.

Nos chefs de bataillons, nos capitaines, nos soldats, une fois dans le feu,
sont plus perdus que ces commandants de navire.

pendant il faut les saisir toutes deux, car leur accord mutuel est la justification et le point de départ de toutes méthodes de combat, passées, présentes et futures. — Où les trouver?

Nous avons infiniment peu de récit montrant l'action d'aussi près que le récit du combat du pont de l'Hôpital par le colonel Bugeaud. Ce sont des narrés semblables (1), d'acteurs ou de témoins ayant su voir et sachant se ressouvenir, qui seraient nécessaires à une étude du combat de nos jours. Cette étude reste à faire, à écrire s'entend, car tous ces chefs l'ont faite auxquels l'épreuve de la guerre donne une valeur et une autorité morales reconnues dans une armée, ceux-là desquels on dit : il connaît le soldat et il sait s'en servir.

Il connaît le soldat, il sait s'en servir. — Que savaient de plus les Romains trouvant la légion? — Mais comme ils savaient bien ces maîtres du combat ! Leur *incessante* expérience et une réflexion profonde avaient pu seules les conduire à une science aussi complète.

L'expérience aujourd'hui a des intermittences; il faut donc la recueillir soigneusement, et l'étude à faire serait bonne à cela et en outre à stimuler la réflexion, même chez ceux qui savent, surtout chez ceux qui savent. Et, puisque les extrêmes en tant de choses se touchent, qui sait, — si de même qu'aux temps anciens de la lutte à bout de pique et d'épée on a vu des armées vaincre d'autres armées solides, dans la proportion de un contre deux, — qui sait

---

(1) Plus détaillés encore, car le moindre détail a son importance. Le nombre des tués, le genre, le lieu des blessures, en disent d'avantage bien souvent que les plus longs récits, quand parfois ils ne les démentent pas

si le perfectionnement excessif des armes de destruction lointaine ne pourrait ramener ces victoires héroïques à armes égales du moindre nombre sur le plus grand, par quelque combinaison de bons sens ou de génie du moral et de l'engin (1).

Malgré que le dire soit d'un grand homme, il en coûte d'accepter que la victoire à toujours soit du côté des plus gros bataillons.

(1) La surprise certainement aujourd'hui ne dure pas longtemps. Mais les guerres se font vite.

CHAPITRES.

Nécessité, dans les choses de la guerre, de connaître l'instrument premier qui est l'homme.

I.

L'homme dans le combat primitif. — Dans le combat antique.

II.

Que la connaissance de l'homme a fait la tactique romaine, les succès d'Annibal, ceux de César.

III.

Analyse de la bataille de Cannes.

IV.

Analyse de la bataille de Pharsale et quelques citations caractéristiques.

V.

Mécanisme et moral du combat antique.

VI.

A quelles conditions on obtient des combattants réels, et comment le combat de nos jours, pour être bien fait, les exige plus solides que le combat antique.

Besançon. — Imp. et lith. Vᵉ Valluet et Fils, rue de Glères, 25.